千代田図書館とは何か

新しい公共空間の形成

柳 与志夫

YANAGI Yoshio

ポット出版

千代田図書館とは何か●目次

第3章●新しい公共図書館に向かって

千代田図書館 周辺地図

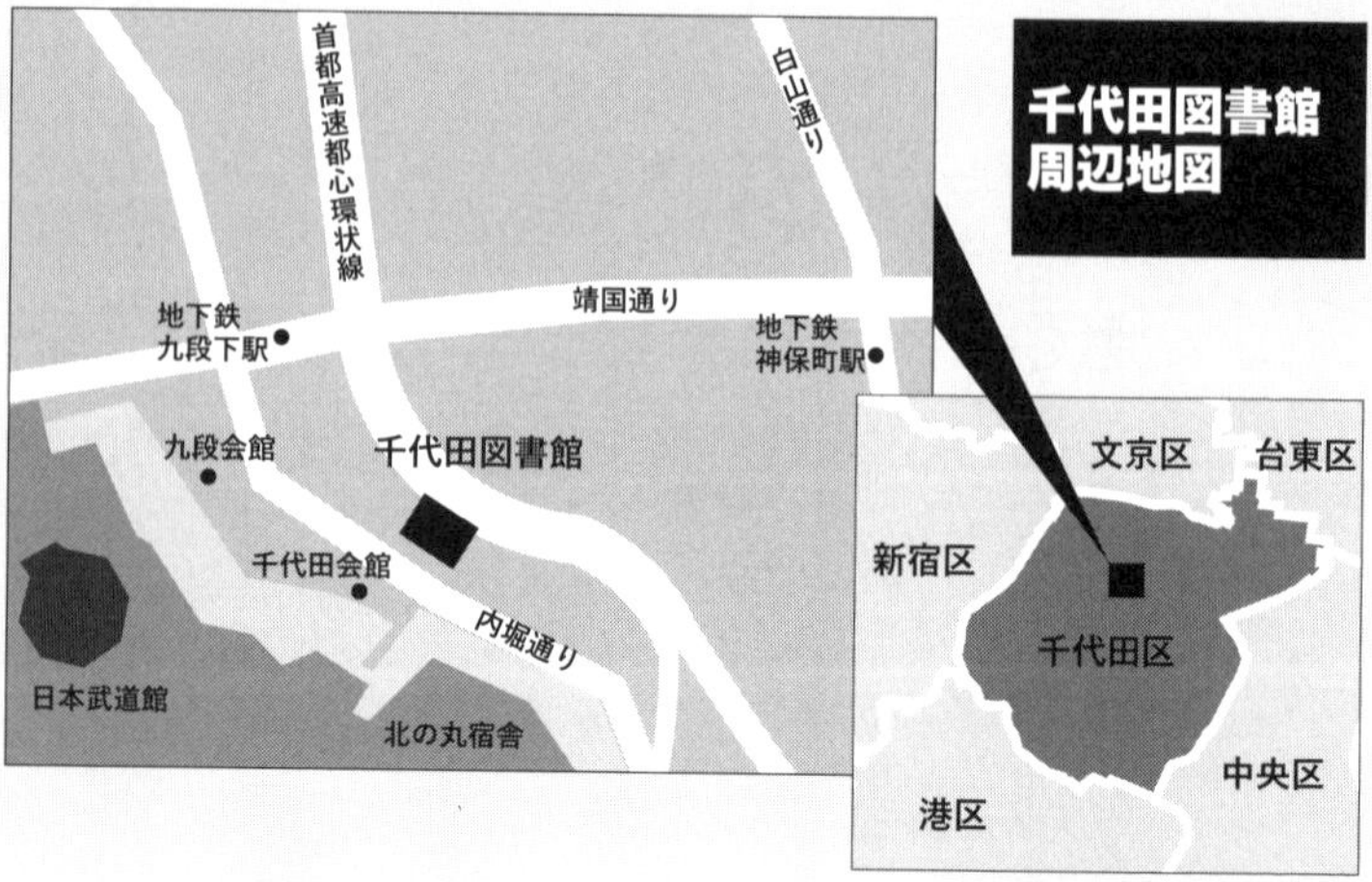
首都高速都心環状線
白山通り
靖国通り
地下鉄
九段下駅
地下鉄
神保町駅
九段会館
千代田図書館
千代田会館
内堀通り
日本武道館
北の丸宿舎
文京区
台東区
新宿区
千代田区
中央区
港区

千代田図書館 フロアマップ

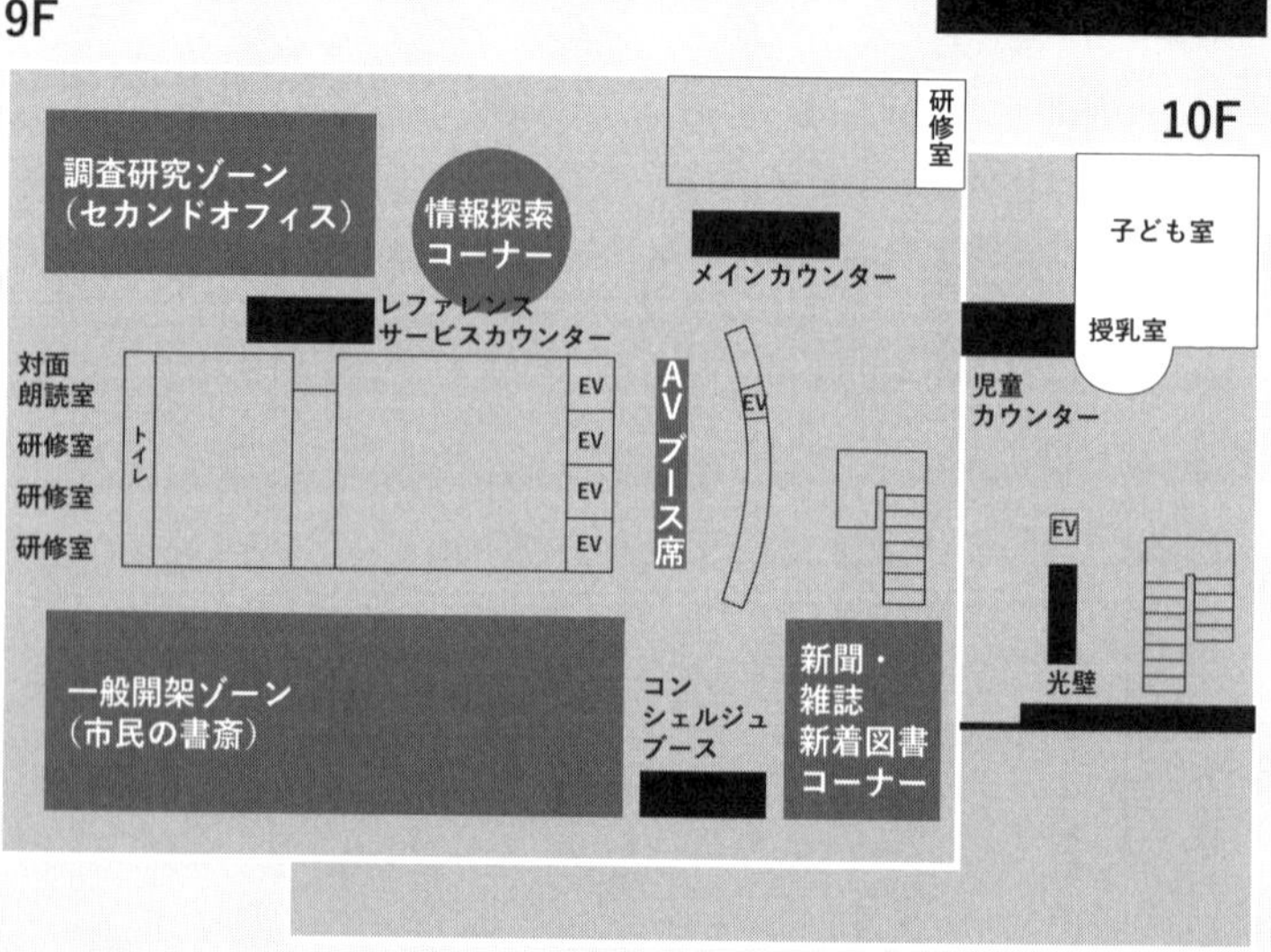
9F
10F
研修室
調査研究ゾーン
（セカンドオフィス）
情報探索
コーナー
メインカウンター
レファレンス
サービスカウンター
対面
朗読室
研修室
研修室
研修室
トイレ
EV
EV
EV
EV
AVブース席
EV
子ども室
授乳室
児童
カウンター
EV
光壁
一般開架ゾーン
（市民の書斎）
コン
シェルジュ
ブース
新聞・
雑誌
新着図書
コーナー

千代田図書館 館内風景

千代田図書館の館内は、目的・性質に合わせた緑、赤、橙、青、黄の五つのカラーゾーンに分けられている。
区民の書斎（緑)。低層書架で見通しが良い。

新着図書コーナー（橙)。
湾曲した展示ウォールも見える。

CD・DVDなどの視聴覚資料コーナー（青）。

セカンドオフィス（赤）。専門書やビジネス雑誌のバックナンバーが集められている。

情報探索コーナー。テーブルのまわりの円形の棚では、
リニューアル当初は新書マップ検索用にMacが置かれていたが、現在は、
新書コーナーとして活用されている。

2008年夏に開催した
「わくわく課外授業」の様子。
小学生を対象に、
一般の利用者にも開放された
スペースで行なわれた。

神保町の古書店街と連携した、「としょかんのこしょてん」。
古書店の蔵書を月替わりでガラスケースで展示している。

貸出・返却を行なうメインカウンター。

あざやかな原色のソファが並ぶ、くつろぐことのできる空間。

コンシェルジュのいるブースは、
区民の書斎の側の目に付く場所にある。

1席毎に仕切りと照明がついた、
予約制のキャレル席は16席ある。

10 階の子ども室。事務室との間はガラス張りになっている。

児童書（黄）スペースと事務室。
児童書スペースからカウンター越しに職員の顔を見ることができる。

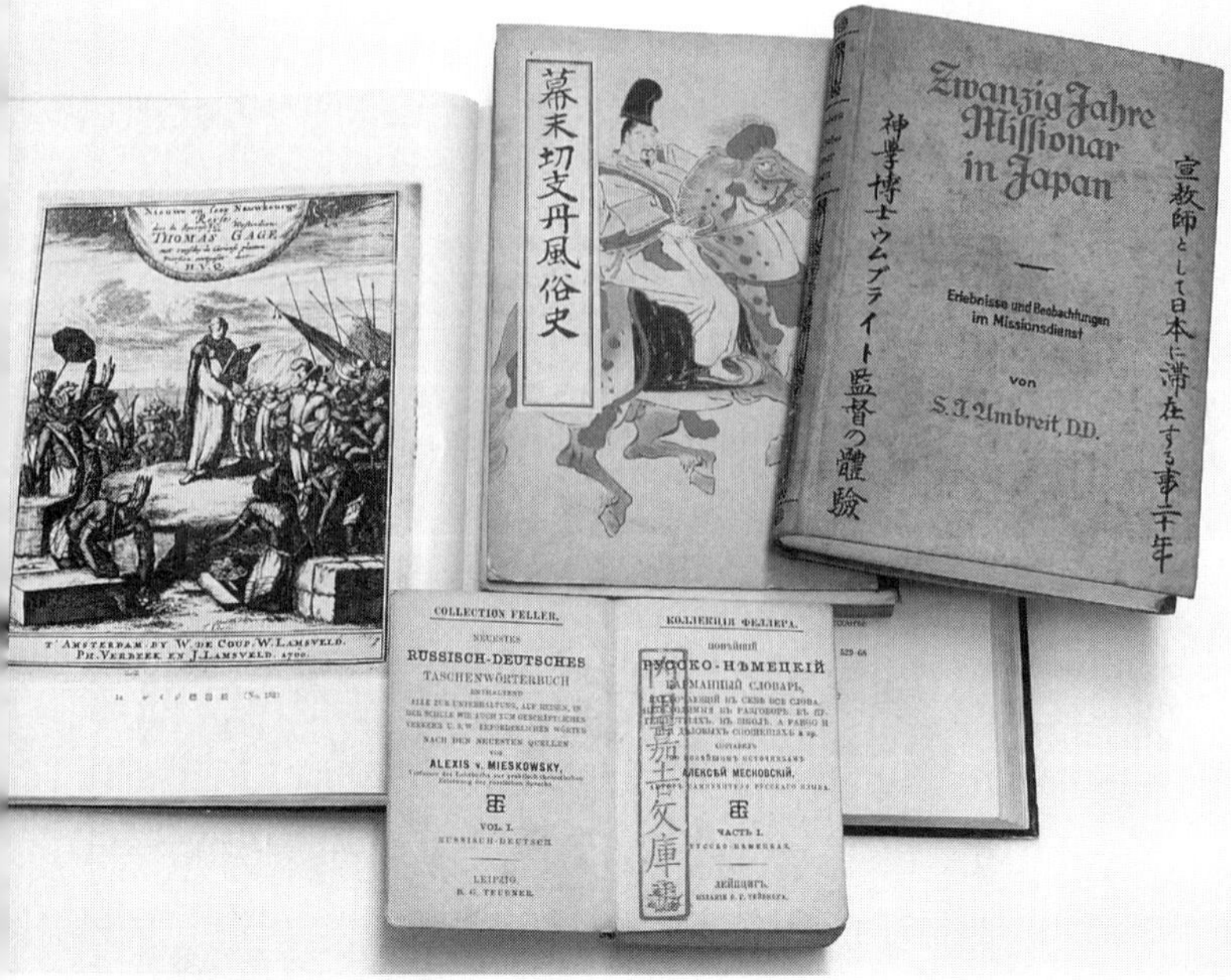

約 16,000 冊所蔵の内田嘉吉文庫。
明治～大正期の官僚内田嘉吉は逓信省時代に海事に関する法律の整備に努め、台湾総督も務めた。
その蔵書は西洋から東洋への旅行記など、海洋交通関係の外国語図書を多数含んでいる。

神保町に近い千代田図書館ならではといえる反町コレクション（古書販売目録）。
神保町の古書店「弘文荘」店主の反町茂雄が集めたもので、
約 7,000 点がデータベース化されている。

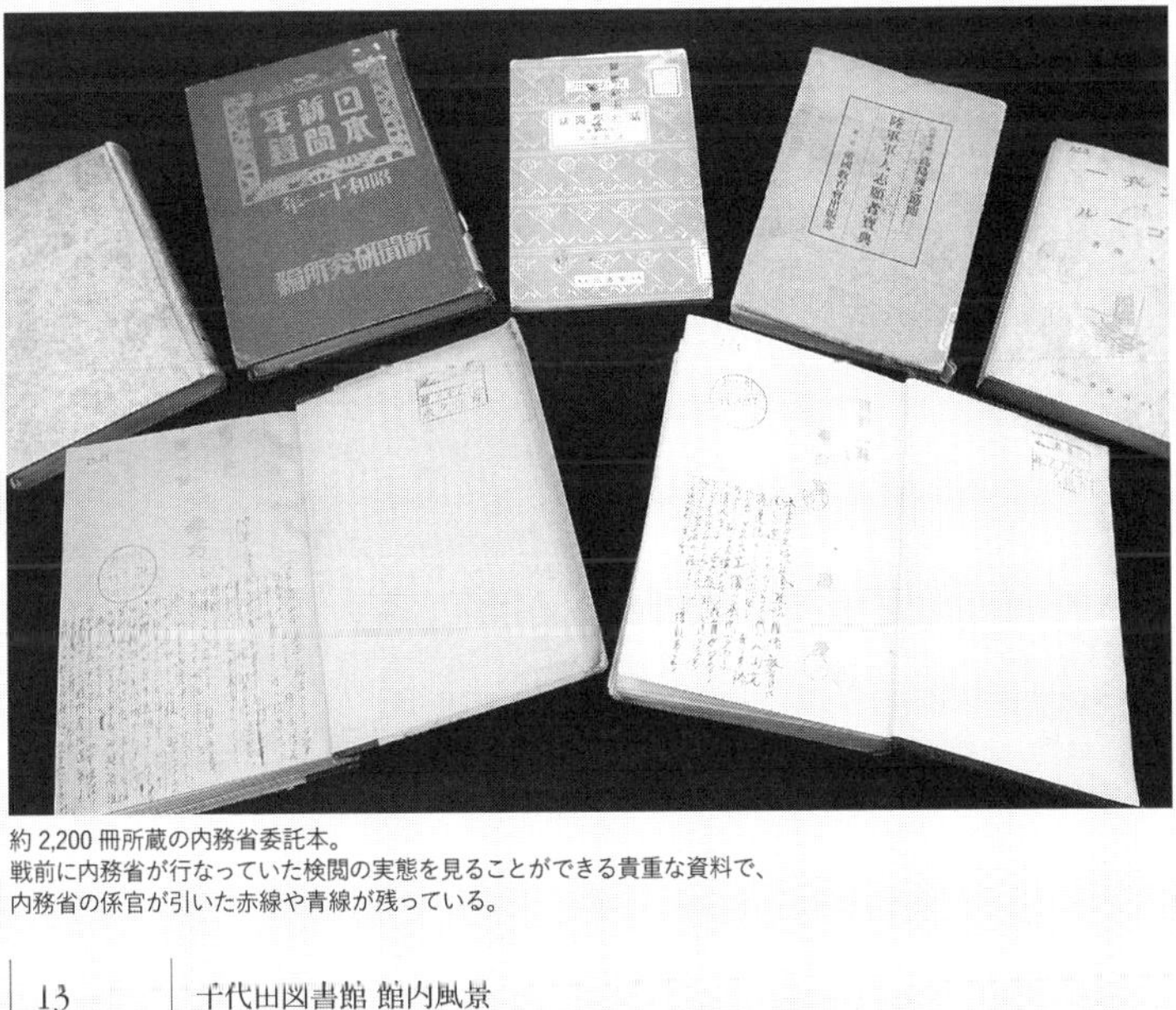

約 2,200 冊所蔵の内務省委託本。
戦前に内務省が行なっていた検閲の実態を見ることができる貴重な資料で、
内務省の係官が引いた赤線や青線が残っている。

はじめに

日本の公共図書館は、今大きな転機にある。いや、公共図書館だけではない。国立国会図書館や大学図書館も、抱えている問題は様々だが、従来の業務・サービスの枠組みを再構築することを迫られている。その根底には、知識世界とそれを支える出版・メディア・通信など情報環境の劇的変化がある。しかもデジタル化の進展がひとつの契機となり、従来は出版、大学、図書館など各「業界」固有の世界にとどまっていた問題が、その境界を越えて相互に絡まり合い、複雑化している。

このような状況を目にして、「大変だ、どうしよう」と思うか、「面白くなってきた、何かやってみよう」と楽しめるかは人それぞれだろう。好機と危機はコインの裏表の関係だ。むしろ問題なのは、現実を直視せず（あるいは認識できず）、あたかも問題が存在しないかのように、これまでどおり振舞い続けることである。現在の日本の公共図書館界はまさにそのような状態にあり、数年前に新聞紙上を賑わせた「公共図書館＝無料貸本屋」批判への対応がそれを象徴しているように思われる。そのとき図書館界はこぞって批判者側の根拠データの不確かさや図書館サービスの実態に対する無理解を指摘し、図書館の現状を「守る」姿勢に終始したように見えた。しかし批判の本質は、出版関係者、ジャーナリスト、作家など、本来は図書館の最も強い味方となるはずの人たちから、公共図書館が無料貸本屋にしか見えない、そのイメージがどうして形成されたのかを反省し、これからの図書館サービスの変革に結びつけることにあったのではないだろうか。

私が国立国会図書館から東京都千代田区の図書文化財課長（千代田図書館長を兼ねる）に就任したのは2004年9月のことだった。その目的ははっきりしていて、図書館行政の担当者として、千代田区新庁舎建設に伴う2007年5月の千代田図書館リニューアルオープンを成功させることだった（もうひとつ担当する文化財行政でも大きな課題があることがわかったのは、着任してみてからだった）。

新しい図書館の基本計画策定からその開館準備に至るまで携わることができる機会は、図書館関係者としてそうそうあるものではない。社会的批判に対して的外れな反論しかしていないようにみえる公共図書館界の現状に不満をもっていた私にとって、どこまで実現できるかは別として、自分の考える新しい公共図書館の方向性を示す絶好のチャンスだと感じた次第である。さらに、当初は開館直前の2007年3月までの任期が1年延長され、開館直後の図書館運営にも携わることができたことは、計画づくりにとどまらず、それを実現するための様々な問題解決の過程を経験することができた点で貴重であった。

幸い新千代田図書館は、総務省の平成19年度地方行政改革事例や、名だたる民間企業と並んで「ニッポンで一番売れるサービス50」（『週刊東洋経済』2007年8月11／18合併号）に選ばれるなど、図書館界を超えた社会的な評価を得ることができた。そして、Library of the Year 2008 大賞受賞は、これまでの評価のひとつの到達点と言えるかもしれない。しかし当然ながら、その背後には、意図しながら実現できなかったことや失敗、中途半端にとどまっていること、あるいはこれから実現しなければならないことが山積している。「図書館は成長する有機体である」（ランガナタン第5法則▼1）の実践こそ、千代田図書館が最も重視すべき経営理念だと私は考えている。

本書は、新千代田図書館の計画から運営に至る過程で生じた様々な課題や問題を具体的に取り上げ、どのように取り組み、何がうまくいき、何がうまくいかなかったか、それを通じて、どのような新しい公共図書館像を追求しようとしてきたのかを明らかにすることを目的としている。これから公共図書館改革に取り組もうとしている図書館関係者や、無料貸本屋に飽き足らない思いをしている利用者（あるいは非利用者）の方々の参考になれば幸いである。

なお、千代田図書館を離れてすでに2年近くが過ぎ、記述の中には記憶違いによる思わぬ事実誤認があるかもしれない。ご指摘いただければ次の機会に改めることにしたい。

1 **ランガナタン▼**（1892-1972）。インド図書館学の父。『図書館の五法則』（森耕一訳、日本図書館協会、1981年）を著す。

第1章●

千代田図書館の今

これまでにない図書館

２００８年11月、パシフィコ横浜で開かれた第10回図書館総合展での最終選考会で、千代田図書館（東京都）はLibrary of the Year 2008 の大賞に選ばれた。このLibrary of the Yearという賞は、ＮＰＯ知的資源イニシアティブ（ＩＲＩ：Intellectual Resources Initiative）が主催して２００６年から始まったもので、あらかじめ全国から選出された優秀館（団体、活動）４館から、専門家や当日の一般参加者の投票によって大賞１館を選ぶものである。選考基準は少し変わっていて、統一指標に基づいて全国ベストの図書館を評価するのではなく、選考の母体となるＩＲＩの専門家が「今後の公共図書館のあり方を示唆する先進的な活動を行なっている、公開された図書館的活動をしている機関、団体、活動の中から」それぞれのメンバーの知見によって選ぶことを基本としている。評価の定まった、図書館の優等生ではなく、新しい図書館像を示す「ツッパリ」を見つけて評価していこうというのが趣旨なので、必ずしも普通の公共図書館が選ばれるとは限らない。実際に、２００８年は書店（ジュンク堂書店池袋本店）やプロジェクト（旅する絵本カーニバル）が優秀賞になっている。

選考会で選ばれた大賞とは別に、総合展の期間中（３日間）には会場に優秀館４館のパネル（写真と概要、特徴、推薦理由）が展示され、それを読んだ来場者が投票者となって選ぶ会場賞があり、それも千代田図書館が最多得票数で受賞した。こうして千代田図書館は、専門家と図書館関係者一般（図書館員、関連企業人、学生等）の両方から評価されたわけである。ちなみに、２００７年は、滋賀県にある愛荘町立愛知川《えちがわ》図書館が大賞、静岡市立御幸町図書館が会場賞を分けあい、２００９年は大阪市立中央図書館が大賞となった。

千代田図書館がこのような評価を得た理由はどこにあるのだろうか。期間中会場に展示された千代田図書館の紹介パネル中の推薦文（同じ内容のものが選考会でも資料として配布された。ＩＲＩの選考グループが作成し、文責は竹内比呂也《ひろや》千葉大教授である）が、新千代田図書館開設に込めた私の思いをうまく表現してくれているので、やや長文になるが以下に紹介したい。

千代田図書館は「これまでにない図書館」であることをめざし、それを実現してきた図書館である。千代田図書館を紹介した新聞や雑誌の見出しには「奇抜な図書館」「未来型図書館」といった文字が踊る。確かに千代田図書館には「日本で最初」がいくつもある。コンシェルジュの配置と図書館外のショップまで含むさまざまな情報提供、ＲＦＩＤ（ＩＣタグ）を利用した検索システム（キーボードを使わずに検索を実現するという試みは画期的であった。出版界でも実験は行ったが実際に運用した事例はない。これからもっと進化して使いやすいものになるだろうと期待したのであるが、２００８年３月で中止されてしまったのは極めて残念である）、千代田Ｗｅｂ図書館によって実現した電子図書貸し出しサービス（ややもすれば保守的な日本の出版界を巻き込んでこれを実現した手腕は見事）、「としょかんのこしょてん」のような古書の展示、図書館で文楽、地下鉄駅での斬新な広告、いちいちあげたらきりがないくらいである。

しかしながら、千代田図書館のすぐれている点は、ただ単にこのような「日本で最初」を実現したことにあるのではない。この図書館がよって立つコミュニティのニーズを見極め、コミュニティとの関係を何よりも優先して考え、コミュニティ内のさまざまな機関との連携を模索し、それを最大限生かす形でサービスを展開しようとしてきたことにあるのである。日本のすべての公共図書館が、この図書館で提供されているようなサービス（例えば古書の展示）を展開しなければならないなどと言うつもりはない。しかしながら、図書館をコミュニティにとって不可欠の基盤としていくためには、千代田図書館が試みてきたことは、行政や市民の図書館サービスに対する無理解のみを非難し、伝統的な図書館のよさの上にあぐらをかいて、コミュニティのために、あるいはコミュニティの特性を生かして何ができるのかを考えてこなかった図書館関係者に対する強烈な一撃であった。もし「千代田図書館だからできた」と考える図書館関係者がいるのであれば、そんなことを考える前に「自分の図書館ならコミュニティのために、誰と連携すればどういうことができるのか」を考えるべきである。このように考えさせるきっかけを作っただけでも千代田図書館はLibrary of the Yearに値すると言っても過言ではない。

千代田図書館は指定管理者制度による図書館運営という点でも図書館界に一石を投じた。社会的条件が整わぬままに無理に導入された観のある指定管理者制度の将来展望についても厳しいものがあると考えるが、少なくとも千代田図書館の場合には指定管理者制度の良い面が現れたと言えるだろう。ただ、全体として実験的な色彩が強いのは事実であり、現在行われていることすべてが永続的に行われるかどうかはわからない。しかし実験的なサービスに果敢に取り組み、その内容を常に広く知らしめることによって、社会による評価あるいは批判の対象とし、それに耐えていることも評価すべきである。

出典：第3回 IRIが選ぶ「Library of the Year 2008」推薦文

以下では、いいことばかりではなく、うまくいかなかったことも含めて、こうした評価の対象となった千代田図書館の施設・サービスと運営について、さらに、それに対する様々な人たちの反応・評価を紹介していくことにしたい。

施設とサービス

●千代田区立図書館および千代田区の概要

私はここまで「千代田図書館」と書いてきた。しかし正確には「千代田区立千代田図書館」と表現する必要がある。千代田図書館は、全部で4館ある区立図書館の中央館の役割を果たし、他に地区館である四番町図書館、さらに蔵書2万冊程度のまちかど図書館と称する昌平、神田の2分館から成る図書館運営システムが千代田区立図書館である。２００4年9月に東京都の千代田区教育委員会事務局図書文化財課長に就任した私は、図書館・文化財・博物館行政を担うと共に、中央館である千代田図書館長を兼ね、千代田区立図書館全体の運営に責任を持つことになった。また、四番町歴史民俗資料館も所掌《しょしょう》することになった。そして就任前に区の教育次長から伺った私の最大の任務は、千代田区役所の新庁舎建設・移転に伴い、旧庁舎に併設されている千代田図書館を、新庁舎9階・10階（の一部）へ移転・リニューアルオープンさせることだった。このように私の任務はあくまで千代田区立図書館全体の振興ではあったが、本書では新千代田図書館に焦点を絞って話を進めることにしたい。

あらゆる公共図書館は、その存立基盤であるコミュニティと自治体のあり方に運営方針が左右される、というよりもそのあり方に沿った運営をしていくことが必要だろう。その意味では、特別地方公共団体という特殊な自治体である東京都23区の中でも、千代田区は極めて特異な自治体と言える。

千代田区は皇居を環状に取り巻く形で位置しており、戦前は麹町区と神田区に分かれていたように、庁舎のある九段下を境に、東の神田地区と西の麹町・番町地区は、江戸時代の町民文化と武家文化の伝統をそれぞれ引き継いで、住民の意識や生活態様に大きな違いがある。また、区の南部地区は、永田町、霞が関、丸の内、大手町など、日本の政治・行政とビジネスの中心であり、一方で住民はほとんどいない地域でもある。さらにエンターテインメントの有楽町、電気街とオタクの秋葉原、大学街の駿河台、神保町の古書店街など、それぞれ

「個性」際立つ地域があるのも特徴と言えよう。

区民（住民税を払っている人）わずか4万数千人に対し、昼間区民（職場、学校等が千代田区にあり、他区市から通ってくる人を千代田区ではこのように呼んでいる）は80万人以上、用務や旅行、買い物客等を入れると大変な数の人たちが千代田区で仕事をし、生活し、余暇を過ごしている。ほとんどの公共図書館が、利用者（潜在的利用者）＝住民を想定しているのとは、事情がまったく違っている。

千代田区の財政事情は、一般に思われているほど裕福というわけではない。というのは、そもそもの財政規模が小さいということもあるが、丸の内などに大企業は多くても、都区財政調整制度のもとに、普通地方公共団体であれば使える法人住民税を東京都に吸い上げられて、その大半は他の都内市区町村に持っていかれてしまうからである。その数分の一でも使えれば、アラブ石油国のように教育、医療、福祉など区民サービスはすべて無料にできるのに、と千代田区の同僚とよく冗談交じりで言っていたものだ。とはいえ、経常収支比率も健全で、区民の平均年収が高い一方で（一世帯あたり800万円以上）、区民が少なく、財政支出圧力も比較的小さいということもあり、一般の自治体に比べれば、新規事業に取り組む余裕があるのは確かである。

●立地条件と建物

新図書館開設にあたって、区内のどこに図書館を建て、どのような建築にするかは、最初の、そして最大と言っていいぐらいの関門である。それは、図書館の役割と機能をどうするかという基本理念に関わるだけでなく、土地の手当てや建設費の確保など、政治的・行財政的にも複雑な要素を含む、計画を立てる者にとっては面白いけれども頭を悩ます問題のはずだ。しかし新千代田図書館に関しては、そうした迷いや複雑な交渉とは無縁だった。なぜなら、新図書館は、移転する新庁舎の9階全部と10階の一部を占め、建物全体はPFI（Private Finace Initiative：公共施設の建設・運営を一体的に民間に委ねる）による国の合同庁舎建設に千代田区が割り込む形となった複合施設で、11階以上は国の機関が占有することが、私の着任前から決まっていたからである。ある意味で手足を最初から縛られていたわけだが、その一方で所与の条件下で何ができるかを考えればいいという気楽さがあった。

新庁舎は九段南の旧庁舎（千代田図書館はその隣に併設されていた）の道路をはさんで斜め前、地下鉄九段下駅から徒歩2、3分と交通の便はいいが、区民が主に住んでいる神田地区と麹町・番町地区の中間に位置するミニ官庁街にあり、近所に住民はほとんどいない。夜は人通りもなく、「住民に密着した公共図書館」というイメージからすれば、千代田区民にとって便利な立地条件とは言い難い。また、地上階が入口、見通しのいいワンフロア構成、単独施設が望ましい、という公共図書館建設の教科書にことごとく反する建設条件でもあった。

そうした立地・建設条件を初めて聞いたとき、私自身はそれほど困ったという気はしなかった。具体的にどう対処しようというアイディアが最初からあったわけではないが、これまでの公立図書館のあり方に大きな不満があり、違うコンセプトで新しい方向性を見出そうと考えていた身にとって、従来の「いい図書館」の設置条件から外れていることは、かえってやりやすいかもしれないという感じがしていた。事実、その後の検討の中で、9、10階という高層階のロケーションや、ワンフロアと言っても実はそのど真ん中をエレベーターなどの共用部分で南北に区切られ、フロア全体を見通すことが不可能だったことも、機能面でプラスの要素に変わることになった。

たまたま通りかかったから立ち寄ってみる、近所だから頻繁に通う、という立地条件にない以上、漠然と「誰でもいいから来てほしい」という姿勢ではなく、図書館としては、こういう人たちに、こういう目的で来てほしいという明確なメッセージを発信する必要があった。また、9階の北東側ゾーンと南西側ゾーン、10階の一部という大きく三つのゾーンに分かれるスペースも、利用者層と利用目的を区別した利用をしてもらうためにはむしろ好都合である。ただ、国と区の複合施設であり、その管理運営がPFIを担った企業出資のSPC(Special Purpose Company：特定目的会社)となったことは、やはり図書館の施設管理や運営面での制約が多く、問題を残した。施設運営面で開館当初からの大きな問題であり、いまだに解決がついていないことにエレベーターの運用がある。主に勤務職員が使う11〜23階までの国の専用機8台に比べ、1〜10階を占める千代田区への4台の割り当ては、様々な手続き・相談で来庁する区民のことを考えれば、そもそも少なすぎた。しかも、新図書館の利用者増を旧館の2、3割程度と当初見込んでいたが(責任回避で少なく見込んでいたわけではなく、利用者及び利用態様の質の充実を第一の目標に考えていたため)、実際には旧館の3倍を超す1日

3000人以上の来館者数となり、図書館へ行くためにエレベーターの前で長時間待たされる状況が生じてしまった。その後1台を図書館直行便にするなど、いろいろ対策を講じているが、やはり利用者数に対するエレベーターの絶対数不足は補いようがないようである。

もうひとつ、どうにもならないが、重要な制約があった。図書館のスペースである。近年5000㎡程度は普通、あるいは7~8000㎡以上の規模も珍しくない各市区の中央図書館施設と比べると、旧図書館からわずか1000㎡増床しただけの約3500㎡の床面積は、蔵書数の厚みでサービスをするという、これまでの図書館の基本原則からすれば頭の痛い話である。実際に私の着任前、図書館を所掌する千代田区議会常任委員会で新図書館での公開資料（開架資料）の少なさが取り上げられ、かなり紛糾していることを聞いていた。しかし、この面積の範囲内での図書館運営が施設上の所与条件であり、一切変更は不可能だった。このことも、「図書館天動説から地動説へ転換」（後述）を目指していた私にとってはふんぎりをつけるいい理由になった。また、本館スペースの限界は、点（図書館のある場所）から面（区内全域）への図書館サービス展開を促す大きな要因にもなっている。

●レイアウト、家具など

主要設備と基本レイアウトもほぼ決まっていた。たとえば10階の図書館部分については、事務室と子ども室・児童書開架スペースとなっていて、変更は不可能だった。新図書館計画の検討過程で元浦安市立図書館長の常世田《とこよだ》良《りょう》氏などから、「公共図書館＝児童室併設という固定観念は捨て、千代田区のように児童が少なく、しかも子どもの徒歩でのアクセス条件が悪いところに児童室は必要ないのではないか」という指摘を受けたときは、他の使い道もあったのにと残念な思いがしたのは確かだ。その後、児童を核とした多世代交流のスペースとして千代田図書館の指定管理者が児童室の活用を提案してきたときは、少し救われる思いがした。実際に、現在の利用は、子ども単独よりも家族で利用することが定着してきたように見える。

10階フロアの利用で残念なのは、せっかくの眺めのいい食堂・カフェスペースがSPCの管理下にあることだ。図書館の中に居心地のいいカフェをつくって、ゆったりと読書や資料づくりをするだけでなく、会食や飲食付きの会議などの有料サービスを展開できれば、と就任前から考えていた。夜はバーに変わってもいい。図書館に集う人たちの知的交流の場にしたかったのだが、これも当然ながらまったく考慮の余地がなく、公務員のための食堂になってしまった。期せずして、千代田区立図書館指定管理者3社の中に飲食サービスに実績のあるサントリーパブリシティサービス（以下SPSと略）が入ったから、その思いはなおさらである。とはいえ、SPSが運営していたら、モルツは注文できても、アサヒビールは飲めなかっただろうが……。

カウンター、書架、家具などの選定・配置は、予算と技術的対応可能性という制約はあったが、かなり意見を反映してもらうことができた。詳細なレイアウトの検討を含めた設計会議が、区の新庁舎整備担当、図書館担当、そして設計事業者である佐藤総合計画の設計担当者の間で定期的に行なわれ、私の参加は途中からだったが、なんとか間に合った。円形の新書マップコーナー、低層書架、閲覧机への個人毎の仕切り・照明器具の設置などは、その中で提案し受け入れてもらった。

低層書架の導入は、ただでさえ少ない開架冊数をさらに減らしてしまう結果とのトレードオフだったが、天井の低さや狭いスペースからくる圧迫感を緩和し、図書館を居心地のいい空間にするためには不可欠と考えて決断した。見通しをよくすることで、非正規利用（資料盗難、不正利用等）を防止する意味もある。開架冊数の少なさは、現在に至るまで千代田図書館に対する批判や改善要望の最大のものだが、やむを得ない選択という受動的側面と、中途半端な蔵書よりも、選び抜かれた、提案性の高い資料を並べると同時に、外部情報資源へのアクセスを重要視しようという積極的選択の両面がその背景にある。

佐藤総合計画の担当者たちは意欲的で柔軟だった。図書館の専門家ではあっても、建築・設備に関しては当然ながら素人である私の発想に耳をかたむけ、少しでも良くなりそうなことがあれば、自分たちの当初の案にこだわらず、いっしょになって取り組んでくれた。例えば、カラーゾーニングの導入がそうだ。

当初佐藤総合計画が示した設計・レイアウト案では、書架は書架、フロアはフロアでそれぞれ一様な色彩が考えられていた。それが普通だろう。一方、私のほうでは、「目的の資料を見つけたら利用者は貸出手続きをしてすぐ帰ってください」という貸出図書館ではなく、調査や執筆、知的な気晴らし、と目的はなんであれ、長時間滞在型の図書館にしたいという方針ははっきりしていたので、図書館内を機能・雰囲気がはっきり異なるスペースで構成し、そこを利用者は利用目的や気分に従って自由に移動しながら時間を過ごせるようにしたいと考えていた。それなら、その意図が明確に利用者にもわかるようにゾーン毎に書架を中心に色分けしたらどうかと知人の建築士が提案してくれた。そこで設計会議に彼女も出席して、ゾーンの目的・性質別にあった色の選択を含めて提案してもらった。業務上の関係がない、同業の建築士が割り込んでくるのは不快に感じるのではないかと危惧したが、佐藤総合計画の担当者たちは考え方に賛同し、提案を受け入れてくれた。その結果が、現在の五つのカラーゾーニング、区民の書斎（緑）、セカンドオフィス（赤）、新着資料コーナー（橙）、視覚資料コーナー（青）、児童書コーナー（黄）になっている。

長時間滞在を実現するには、居心地のいい家具を揃えることも大事だ。残念ながら建築・設備費の制約があり、書架やカウンターの色・形態は決められたが、材質までは自由にならなかった。しかし長時間座っていられる椅子の手当だけは不可欠だと思っていた。私がこれまで経験した既設公共図書館では、そうした配慮がほとんどなく、とりあえず座れればいい、というものしかなかったからだ。その点は設計担当者も理解していて、関係のある北欧家具専門業者を紹介してくれた。そこで私が実際に見て、座って、選んで来いということになった。区の庁舎整備担当者からは、高くつきすぎたと後で文句を言われたが、座り心地がよく、長時間いても疲れない、その場にあった雰囲気の椅子を数種類選ぶことができた。ただ、一番高くついたラウンジ用の鮮やかな原色4種類の椅子・ソファは、遊びの要素をこめて月替わりで配置や組み合わせを変えて楽しんでほしかったのだが、私が図書館を去った後、同色毎に集めて銀行の待合のように固定してしまったことは残念だ。装置産業である図書館にとって、家具や書架の配置、本の提示の仕方、展示コーナーの構成、採光・照明など、空間デザインは基本的サービスのひとつだと私は考えているのだが、それを理解し、実践できるセンスのある図書館員はまだほとんどいないようである。

●情報基盤設備

新千代田図書館では、ほとんどすべての席でLAN接続または無線LANの利用が可能になっていて、同館が利用者に評価された要因のひとつになっている。また、新書に貼ったICタグと「想（IMAGINE）検索」▼1を結びつけた新書マップコーナーの設置も開館時の大きな話題となった。しかし、その整備に至る過程は必ずしも平たんな道ではなかった。

全席でのLAN利用は、当初からの発想ではない。フロア全体の情報基盤は整備しておくが、最初はコーナーを限ったLANケーブルの接続サービスを想定していた。その点は私も十分見通しをもっていたわけではなく、一般的公共図書館のように数席しか利用できない状態は脱して、数十席が使えるように拡充できればいいと思っていた。それに対して、固定席全部で使えるようにしようという提案は、図書館の運営を任せる指定管理者の選考が終わり、われわれ区側と指定管理者の間で具体的なサービス内容を詰めている段階で出てきたものだった。しかも、無線LANが一部エリアで使えるようになったのは、指定管理者による実際の新図書館運営が始まってからのことで、それも指定管理者からの提案によるものだった。なお、図書館システムは、すでに稼働していたパッケージシステムが事実上5年契約で、新館開館1年間はその5年目にあたるため、新規の開発は必要なかった。

新書マップのほうは、話の発端は早かった。連想検索の生みの親である高野明彦国立情報学研究所教授が、私の着任（2004年9月）以前から、平成15（2003）年度に千代田区が同研究所に委託した新図書館のあり方に関する調査チームの一員となり、その後2004年8月に区の設置した新千代田図書館のあり方検討会のメンバーにも入っていた。それがご縁で、新図書館の新しい情報機能のあり方について何かと相談に乗っていただいている中から、ご提案をいただいたのが新書マップだった。そのときすでに高野先生は、連想検索から進んで、複数のデータベース（原理的にはいくつでも可能）を選択し、とりあえず一つの言葉を検索することから始めて、次々とデータベースやキーワードを広げていくことによって新しい発想を得るためのシステム「想検索」を開発していた。これをさらに、新書を一般的な読書のための蔵書ではなく、レファレンス・トゥールとして位置づけ、それを想検索の引き金に使うという、システムと資料を結びつけた検索方式は、まさに世界初といっていいものだった。結局は一図書館の単なる蔵書検索システムにすぎないOPACの情報量の少なさや検索方式のつまらなさに限界を感じていた私にとって、高野先生の提案は、新しい検索方式の面白さはもちろん、私の考える公共図書館の新しい方向性を具現化してくれるものに思えた。つまり、極めて限られた自館蔵書という狭い・閉じられた世界の中で情報・知識の充足を図るのではなく（図書館天動説）、世界的な情報・知識に利用者が最初からアプローチするための出発地点として機能する（図書館地動説）、知識世界に開かれた図書館をめざしていたのである。高野先生の提案は、その方針にぴったりだった。

ＬＡＮの整備、そして新書マップコーナーの準備も、開館日直前になって重大な不都合が見つかり、慌てた。各閲覧席で使えるはずのＬＡＮケーブルが床からとられていなかったり、そもそも新書マップを動かすため外部と接続するためのケーブルがその階に来ていなかったりと、顔が青ざめるような類の話だった。その最大の原因は、庁舎整備の担当が区とＳＰＣに分かれ、さらに情報基盤整備関係は区の建設管理部門と情報システム部門、図書館関係も区と指定管理者、高野先生ら研究所チームに分かれていて、そのすり合わせが十分できないまま開館直前になってしまったことにある。しかし、そうした所管の分散はあらかじめわかっていたことで、その遠因としては、関係各者を連絡・調整すべき図書館側（図書文化財課）に十分知識と責任をもった担当者を配置できなかったことにある。私と運営面でよく補佐してくれた課長補佐も、概念的理解はあっても、システム関係は素人で、導入実務（基盤整備、システム設計管理等）の経験もなかった。それが問題であることは、二人とも十分承知していて、１年でいいからとその方面に明るい区職員の配置を強く希望し、候補者も挙げていたのだが、異動は実現しなかった。さらに運の悪いことに、それまで図書館システムの運営担当をしていた職員（専門というわけではなく、たまたまではあるが）が、ぴったりその時期に産休・育休に入ってしまったこともある。内定していた指定管理者にはシステム専門家がいて、システム運営の準備に携わっていたが、2007年4月になるまではあくまで非公式の協力関係でしかなく、関係者の調整を頼める立場にはなかった。図書館には情報システム専門家の配置が不可欠であり、その意味でも司書資格者の配置をもってよしとする図書館界の専門職論はおかしいとする私の日頃の主張をはしなくも証明することになってしまった。新千代田図書館については、関係者の獅子奮迅の努力で何とか無事に開館、サービス提供に行き着いたが、図書館界にとって、看過できない問題だ。

図書館サービスの構成

現在千代田図書館で提供されているサービスや業務は、2006年（平成18年）2月に私が中心になって策定した「千代田区立図書館整備基本計画」及びそれに則って指定管理者を募集した際に示した「千代田区立図書館業務等に関する業務要求水準書」（同年8月）に基づいている。しかし、そこで定めていることは、業務・サービスの理念・目的と実現すべき機能までで、それを実際の図書館業務・サービスの形に「デザイン化」「商品化」したのは、指定管理者の提案だった。ちなみに現在の指定管理者が選定された最大の理由が、この提案内容のユニークさにあった。私自身も、月並みで創造性に欠ける他社の提案に比べて、これまでの「図書館業界的」ではない内容を評価していた。無料貸本屋的公共図書館像を一新したいという私の考え方にも合致していたのである。私は直接の担当者であり、公平性を期するため指定管理者選考委員会の委員からは外れていたため、この事業者が選ばれるか否か、ハラハラしていた。

指定管理者としての応募時の新規サービスは、コンシェルジュ・サービスなど個別に提案書に盛り込まれていたが、採用が決まって、開館準備のために協議をしていく中で、五つの基本コンセプトに基づいて各サービスが開発・再編成された。それが「千代田ゲートウェイ」「創造と語らいのセカンドオフィス」「区民の書斎」「歴史探究のジャングル」「キッズセミナーフィールド」である。特に、最初に挙げた「千代田ゲートウェイ」は、千代田区の様々な情報源・情報資源への入口になるという意味だが、自館の情報資源の範囲でサービスを完結するのではなく、むしろ最初に世界の情報資源に（限界はあるにせよ）アクセスしていくという私の重視していたコンセプトを、とりあえず千代田区という範囲で具現化しようとしていると感じた。もちろんこの五つのカテゴリー化が最良のものだったか否かは確証できないが、問題の核心は、各基本コンセプトのもとで、具体的にどのようなサービス・メニューを用意できるか、それを提供できる仕組みをどう作るかにある。

●千代田ゲートウェイ

千代田区内の豊富な文化・情報資源の利用を保障する入口として機能させることが、「新」千代田図書館として最初に訴えたいイメージだった。ではどこに案内するか。日本どころか世界一の出版関係機関集積地である千代田区の特色を生かそう、という考え方は新図書館構想策定の初期からあり、検討会メンバーには、出版・書店・古書店関係者が4人も入っていた。出版社との連携はすぐには難しく思われたため、書店と古書店との具体的連携の方策を指定管理者と相談することになった。

図書館で本を売りたいと最初から私は考えていた。図書館へ来れば、館内で読んだり借りたりするだけでなく、ほしい本は買える、ということだ。図書館が購入できる本は限りがあり、専門書入手など利用者の便宜を図るという意味と、ベストセラー小説の貸出に多くの複本を揃えたり、何十人もの予約待ちを作ることが不合理だと感じていたことも、そう考えた理由のひとつである。自館の選書基準に合わない本を他自治体から借り出すことで切り抜けようとする前に、なぜ利用者に、「このような本は選書基準に合わないので、本屋さんで購入してください」と言えないのだろうか。千代田図書館に着任して早々、利用者からのリクエストに応えて購入したという提供準備前の本棚を見て愕然としたことを思い出す。安易なタレント本や占い書、パターン化した内容の小説などがそこには並んでいた。売れる本を置くのが図書館ではない。

本を売りたいといっても、図書館が普通に書棚に並べて直接販売するわけではない。地元の本屋さんと提携して、購入予約を受けた本（特に、レファレンス・サービスの結果、利用の有用性がわかったが、図書館未所蔵の場合など）を貸出資料と同じようにカウンターで手渡せないかと思ったのだ。書店との共存共栄を図りたかった。しかし、その実施可能性を検討してみると、難しい問題がいくつもあることがわかった。公共施設での営利事業仲介という制度的問題から、神保町といってもどこの書店を選べばいいのかという「ちょっと政治的」な問題、予約処理や現金受理などの業務処理・システム設計上の問題などが山積していて、とても開館までには間に合わない。結局、当初のサービスとしては、「新品図書購入案内」という、図書館カウンターで調べた本を提携書店でとり置いてもらい、利用者はそこに買いに行ってもらうという、所期の目標からはかなり後退したサービスになってしまった。それでも、このサービスを実現するために指定管理の担当者は何度も書店に足を運び、交渉の末ようやくこぎつけたサービスだった。「新刊」ではなく、「新品」となっているのは、書店に在庫していれば発行年の古い本でも提供できます、という意味だ。図書館から神保町までわずか数分の距離だからできたとも言えるが、逆に近すぎて最初から神保町に行ってしまえばいいということで、実際の利用はわずかである。今後サービスを再設計したうえで、改めて本来の趣旨を実現すべく取り組んでほしいと思っている。サービスの方向性は間違っていないはずだ。

千代田図書館からは離れてしまうが、ついでに言うと、書店との連携では、私は今、書店を公共図書館にしてしまうという別のアイディアをもっている。どこの自治体でも可能だとは思わないが、書店を図書館とみなしたり図書館業務を書店に委託するという意味ではなく、文字通り○○市立図書館の名称で、本は買ってもらうのが原則だが、公共図書館として一部の資料は購入・蔵書化し、書棚には売る本と図書館の本が一緒に並んでいる、そんなイメージだ。自治体が場所を無償提供し、サービスは基本的に有料で、運営資金は原則書店で稼いでもらうが、蔵書の購入費や人件費の一部は補助金で賄うという考え方である。本当にそんな運営が可能かどうか、具体的に検討してみたいと思っているのだが、どこか興味がある自治体担当者はいないだろうか。

古書店との連携は、区が当初から重視していた方針だった。世界一の神保町古書店街が近くに控えていながら、旧千代田図書館ではほとんど関係をもっていなかった。故反町茂雄《そりまちしげお》氏が集めた古書販売目録の寄贈を受けたことぐらいだろうか。

ここでも、「最初は未所蔵資料について古書店の所蔵を調べ、そこへ案内するサービスから始めよう」ということだけになりそうだったが、指定管理者が面白いアイディアを出してくれた。それが、千代田図書館内で特設コーナーを常置し、月替わりで神保町の古書店1店ずつが自慢の資料を展示し、図書館は販売の仲介をしてしまおうという「としょかんのこしょてん」だ。そのための書架に嵌め込む形式の特注展示ケースまで短い期間で作ってしまった。区内に図書館用品の専門会社キハラの本社があったことも、協力を得るうえで助かった。

新図書館構想の検討を通じて、すでに神田古書店連盟とは良好な関係が築かれつつあった。しかも、経験と知識の蓄積がものをいう長老が力をもつ古書店街にあって、「若手」でフットワークの軽い中野智之さん（中野書店）が会長職にあり、労力を惜しまず協力してくれたのも幸いだった。神保町の由緒ある古書店は敷居が高いという一般の人も、図書館での展示を機にそれぞれ特色を持つ店に興味をもってもらえるという点で、図書館と古書店両方にメリットのあるサービスだった。「としょかんのこしょてん」は2009年12月で第32回を迎えたが、まだまだユニークな古書店を紹介しきれないという。そんな神保町古書店街の厚みを実感するとともに、そこに近接している地域性を生かした図書館サービスを生み出すことができたと思う。

10m近い館内展示ウォールを使った「大人の夏休み——千代田区ミュージアム連絡会——」と称する区内にある美術館・博物館の主要20館の紹介展示（2008年6〜9月）と、それに合わせた各館学芸員によるレクチャーシリーズも、地域の文化資源を図書館が窓口になって提示するという意味で、公共図書館として画期的なものだった。利用者が明示的に求める資料を提供する、あるいはたまたま書架で利用者が見つけるということに限定されず、閉架書庫に眠っている貴重資料や資料以外の様々な情報・文化資源を図書館員が発掘し、それを積極的に利用者に提示することを重要視していた私にとって、この広い（長い？）展示ウォールの活用は大きな課題だった。その点では、この特集展示に限らず、千代田図書館の指定管理者では、担当者も置いて重点的に取り組んでくれているようだ。ちなみに、この千代田区ミュージアム連絡会は、文化財担当として私が初めて組織化したものだが、ミュージアム相互の協力はもちろん、図書館・博物館連携も視野に入れたものだった。

「図書館コンシェルジュ」も公務員の発想からは出てこないサービスだ。私が考えていた、①利用者からのアプローチを待たず、図書館側から積極的に利用者に働きかける、②利用ガイダンスをレファレンス・サービスから分離する、③図書館所蔵資料以外の様々な文化・知的情報資源を案内する、④あれもこれもと並列で提示するのではなく、サービス提供者の価値判断を伴った情報提供を行なう、の四つの要素をうまくパッケージ化し、サービスとしてデザイン化してくれた。指定管理者応募のときから提案されていたものだったが、具体的にどのようなものになるか、実際のコンシェルジュを見るまでは、なかなかイメージが浮かばなかったのも確かだ。おいしいお店も紹介、のような見出しがマスメディア上では目立ってしまいがちだが（確かにおいしいお店も千代田区の大事な文化資源ではある）、従来日本の図書館界ではレファレンス・サービスとして様々なサービスがひと括りにされている中で、関連機関（情報源）案内を含めた利用ガイダンスを明確に新しいサービスとして提示できたことに大きな意義があったと思う。社会的評価を得て千代田図書館の名を広めることには大きく貢献したが、図書館界の反応は、「新奇さ」を求めただけの、図書館サービスとは無縁のものという受け止め方が一部にあったようだ。コンシェルジュという言葉は別として、このサービスが提示している本質的な部分を学ぶだけの受容力がないのだろうか。

その後、２００８年5月からは、コンシェルジュが1名増員されるとともに、神保町に設置された「本と街の案内所」に週日は毎日派遣され、神保町書店・古書店街と千代田図書館を結ぶ役割も担うことになった。今後は案内業務だけでなく、神保町での出版関連イベントの企画などにも取り組んでほしいと思っている。また、神保町だけでなく、秋葉原や丸の内などの区内各エリアに出向き（定期的である必要はない）、図書館サービスの紹介・読書振興イベント等のイニシエーターとして機能させようということも在任中に考えていたことのひとつである。

●創造と語らいのセカンドオフィス

従来の公共図書館が、開館時間の制約、小説・実用書が目立つ蔵書構成、貸出を中心とするサービス内容などの運営方針をとることによって――それも意識的な選択というよりも、「慣習的に」と言ったほうがよさそうだが――、利用者層が「趣味・娯楽を目的とした、昼間に時間的余裕がある人」に事実上絞られていることに大いに不満があった。丸の内地区を始めとする千代田区内昼間人口の大半を占めるビジネスパーソンはもちろん、多くの区民も実は有職者であり、平日昼間の利用には困難があるはずだ。リニューアルオープンにあたって、利用者層の違いを明確にしたうえで優先順位をつけ、その層にふさわしいサービスを開発・提供することが肝要だと思っていた私にとって、ビジネスパーソンへのサービスは第一の目標だった。

新図書館におけるビジネス支援サービスは整備基本計画で定めた新しいサービスの柱のひとつだったが、それをどのように実施するかについては、頭を悩ませた。ビジネス支援コーナーと名づけて、ビジネス書や商用データベースの利用環境を整えただけでは、閑古鳥が鳴くのは先行事例が示していた。しかも旧千代田図書館ではビジネス関係書の所蔵は少なく、リニューアルオープンに向けて特別に手当てした資料購入予算で重点的に購入し始めていたが、開館時までには、まだまだ不十分なコレクションしかできそうもなかった。そもそもいわゆる「ビジネス書」を揃えることが、本当に図書館で行なうビジネス支援につながるのだろうか。実は私も最初は「ビジネスに直接役立つ情報提供、起業の手助け」＝「ビジネス支援サービス」という考えに囚われていた。ビジネス支援が図書館界の大きなイシューになっていたことも影響していたのだろう。その思い込みを転換するきっかけを与えてくれたのが、指定管理者3社のうち、新図書館の企画を中心的に担ったシェアード・ビジョン社（以下SVと略）の菅谷社長だった。

ビジネスの経験がない図書館員があれこれ考えてみてもビジネスパーソンのニーズを捉えるのは難しく、彼らに何が必要か教えてもらったほうが話は早いし、本屋で出回っているビジネス書は必要なら自分で買ってしまうので、むしろドラッカーやコトラーなどの現代の古典を揃えたほうがいい、すべてのビジネス支援などいきなり図書館ができるわけがないので、新しい企画を思いつくためのヒントづくりや「地場産業」である出版関係業の支援から始めたほうがいい、というのが菅谷氏の意見だった。私も納得だった。そこで、何よりまずビジネスパーソンに来館してもらい、そこからニーズをくみ取りながら、新しいサービスを5年間（指定管理の期間）かけて順次開発していこうということになった。そこで出てきたのが、この「創造と語らいのセカンドオフィス」というコンセプトだ。

そこには統計、ビジネス、社会動向などに関わる雑誌・図書のコレクションや若干の商用データベースもあるが、隣席との仕切りと席毎の明かりが用意された一般席とキャレル席、LANがどこでも使える閲覧環境を整え、会社帰りでもゆっくり使えるように平日は夜10時まで開館するなど、ビジネスパーソンが居心地よく長時間過ごせることを目標にした。情報提供や助言機能を核にしたビジネス支援コーナーではなく、まずは利用者自らの創造性発揮を助けるセカンドオフィスという施設提供サービスに徹しようというものだ。「語らい」としたのは、「図書館では静粛に」という固定観念を打ち破り、閲覧スペースでの利用者同士の交流・意見交換を通じた相互啓発をねらったためだが、残念ながらこの面では利用者・図書館員の両方が社会通念の強さをいまだに突破できていないようである。企業横断的あるいは業際的勉強会に使ってもらおうと、少人数用の貸会議室3室を用意したのも、大いに語らってもらうためである。ペットボトルに限り館内での飲用を認める、携帯電話がかけられるコーナーを作る、なども長時間在館の便宜性に配慮した結果だ。

新書マップコーナーは、情報探索の実験的な場として設定された。当初から新図書館の目玉にすべく企画し、新書とICタグ、想検索システムとの連動という機能面の新しさだけでなく、外見上も入館者の目に留まるようにと、パソコンと新書を置くための特徴的な円形書棚を設計、設置した。自館所蔵資料しか検索できない一般的な図書館システムから、原理的には世界の情報を検索しようという発想の転換が最大のねらいだったが、実際的にはビジネスパーソンに対して、特定資料・情報の検索（「絞る検索」といっておこう）ではなく、「拡げる検索」、つまり固定観念を打ち破って、仕事や企画の新しい芽を見つけるためのトゥールにしてもらおうというのが想定した主要機能のひとつだった。私も使ってみて、大学選択や職業進路、リポート課題に迷っている中高生・大学生にも有効ではないかと思った。

従来の図書館検索システムとは発想が根本的に異なり、また新書との連動という方法の新しさ、何よりMａcが12台ずらりと環状に並んでいる外観の異様さ？もあったため、本来は説明・ガイダンスのための人的配置が不可欠だったと思うのだが、その担当要員を割くことはできず、関心のある人は説明書を読みながらやってみてください、というサービス提示になってしまった。そのため、大半の利用者は一瞬関心を示すけれども、遠巻きにして眺めていくだけで、Ｍａｃに慣れた人がインターネットを使う程度が日常的な風景になってしまった。開館以来多くの見学者があり、その際には新書マップはガイド付きで大変好評を博しただけに、要員確保に後れをとったのは痛かった。当初想定の3〜4倍の来館者数に、貸出カウンター、レファレンス・カウンターなどのフロア要員が手一杯になってしまい新書マップコーナーの世話まで手が回らなかったこと、新書マップサービス支援のための職員研修自体が十分できていなかったことなども影響していたのだろう。そして、こうした1年間の反省に立って、ある程度図書館担当者の体制を整えて2年目は本格的に取り組もうとしていた矢先の２００８年3月に事件は起きた。

　図書館システムの全面的な入れ替え工事に際して、図書館側の監督不十分から、システム事業者が新書マップ関連の通信基盤を壊してしまったのである。その背景には、指定管理者の田中榮博《よしひろ》館長やシステム担当プロデューサーと高野教授チームとの情報あるいは感情の行き違いが1年間で鬱積していたことがあったように思われる。23区中央図書館長で唯一の図書館専門家である田中館長は、特にＩＴ部門が専門だったが（あるいはそうだったからこそだろうか）、当初から新書マップシステムには懐疑的態度をとっていた。区が高野教授との連携を方針として決めていたので、やむを得ず従っているという感じだった。それが最後にきて象徴的な事件として噴出してしまったように感じた。いずれにせよ高野先生のチームに多大な迷惑をかけたことは確かで、結局2年目の連携は取りやめになり、新書マップコーナーの（すべて無償でお借りしていた）機器はすべて引き揚げということになってしまった。私としては前述したように、ただ単に新図書館をアピールするための目新しい検索システムということではなく、基本的な考え方に革新性を見出していたので、大変残念な思いは消えていない。今後何らかの形での復活を期待しているのだが……。

このように、新書マップコーナーをビジネスパーソンのために役立てる、という部分では目論見がはずれてしまったが、とりあえず来館してもらおうという最初の目標はある程度達成できたように思われる。指定管理者と相談して取り決めた11項目の初年度（平成19年度）パフォーマンス指標（ちなみに、指標はサービスの重点目標に応じて毎年見直すことを前提にしている）のひとつ「平日夜間（午後7時以降）来館者数」は、目標値の1日400人以上を軽く超え、平均600人近くを達成した。夜に館内を回ってみると、確かに雰囲気が違う。従来の公共図書館の客層とは明らかに違う人たちが来ているのがわかるはずだ。2007年12月に実施した、来館したビジネスパーソンへのインタビュー調査の結果（巻末資料）をみても、「図書館として来てほしい」というメッセージを受け止めてくれた「良質の顧客層」の存在が確認できた。しかしこれは、やっと手がかりをつかんだに過ぎない。彼らの図書館へのニーズをくみ取り、サービスに具現化していくのは、まさにこれからの課題だ。

ここでついでに、図書館サービスの提供者（図書館員）と享受者（利用者）の関係について触れておきたい。私は両者の関係は相互的あるいはもう少し踏み込んで言うと協働的関係だと考えている。親がただ口を開けている幼児に食べ物をやるような一方的関係ではなく、両者の知的交流を通じて、公共図書館という場で地域の公共的情報資源をより豊かにすることが理想の関係だ。したがって利用者も自分の要求をただ図書館員にぶつけるだけでなく、図書館という場を使ってどのような知的貢献ができるかを考えるべきだし、図書館員も自分たちよりもはるかにものを知っているかもしれない利用者から謙虚に学ぶ姿勢を忘れてはならない。「顧客」という用語を私も便宜上使うことも多く、またサービス開発等の面でそのようにみなすことの有効性はあるが、本来的には、「サービス提供者⇅顧客」の関係にあるとは思っていない。むしろよりよい知識社会を創っていくための「同志」なのである。

●区民の書斎

NDC分類で並んだ一般開架書架と閲覧席のあるゾーンが区民の書斎だ。ここにコンシェルジュカウンターも置かれている。資料を借りてすぐ帰るのではなく、北の丸公園が見渡せる場所から、ゆったりした気分で本を読み、調べものをしてほしいというねらいから、「書斎」と名づけた。やはり一般席すべてでパソコンの利用が可能である。低書架で書架相互の間隔もゆったり空けてあり、落ち着いた明るい雰囲気を保っている。その代り犠牲になったのが開架冊数である。

「せっかく新しい図書館になったのに本が少ない、古い」というのが、「エレベーターが不便だ」（これは前述したように、図書館側ではどうしようもない、なんとかしてほしい問題だが）に次ぐ、新千代田図書館への利用者からの大きな不満の声だった。高書架にしたり、壁際にも書架を並べたり、いろいろ工夫することで、数万冊の増加は可能だろうが、7万冊の開架が9万冊になってもそれほど大きな利便性の向上はないと考え、ゆったりした書斎の雰囲気を優先したこと、それ以上に、従来の公共図書館のように新刊書を中心に書架上にある本だけでサービスを組み立てるのではなく、所蔵していない資料や情報を提供することを第一にしたかったこと、書架上の本も量や新鮮さで勝負するのではなく、古い本を含めて良質の本を選んで、利用者に提示することを重視したことなどがその背景にある。利用者からの批判はある程度予想し、甘んじて受けるというより、従来の公共図書館とは違う「新」千代田図書館の方針を目に見える形で理解してもらおうと考えた結果である。出版された新刊書をできる限り早く書架に並べて貸出可能な状態にしなければならないという強迫観念に縛られた図書館も少なくないが、書店の営業妨害をするのが図書館の役割ではない。

問題は、こうした考えが実際の書棚の構成にまだ反映されていないことだ。古い良い本ではなく、ただ古い本が並んでいるようでは批判に応えることはできない。リニューアルに備えて、ある程度新しい資料を購入したが、それでも新図書館の蔵書は旧図書館から持ち込んだものが大半であり、開館直前に全員が新規採用された指定管理者の職員に、いきなり私の考えを反映した書棚作りを期待するのは無茶な話だ。特定分野に詳しい利用者の参与やインターネット情報源の同時利用など書棚構成の考え方自体の改革を含めて、指定管理5年間の中で、司書の選書・蔵書構築能力のレベルを徐々に上げていく必要がある。

これは館全体についてのことだが、書斎的雰囲気を保つため、望ましくない「利用」は断ることを利用者にはっきり示していくことも開館時からの大事な方針だった。多くの公共図書館で、図書館本来の目的とは異なる利用、他の利用者の迷惑になる利用、図書館サービスの妨げになるような利用などに対して、適正な対処をしていないようにみえる。前述のペットボトルの例で言えば、大半の図書館では「館内の飲食は禁止」という貼り紙が壁中べたべた貼ってあるにもかかわらず、その真ん前で缶ジュースを飲んでいる利用者には直接注意しない職員が少なくない。あるいは強い異臭を放つ人が図書館入口付近の新着雑誌・新聞コーナーに何人もいるため、利用できないで困っている人がいるにもかかわらず、迷惑をかけている人の利用する権利も保障する必要があるという逃げ口上で、本来の利用者の権利を守ることは忘れて、見て見ぬふりを決め込んでいる図書館管理者もいる。こうした不公正・不適切な利用はなくしたかった。

開館時の方針徹底が大事ということで、私や館長以下の図書館幹部が頻繁に館内を見回り、図書館本来の目的ではなく利用しようとする人、他の利用者に迷惑あるいは不快感を与える人に声をかけ、場合によっては退去してもらうこともあった。居眠りについても、最初に見かけて、さらに館内一巡後も眠っていた場合は、起きていただくよう声をかけた。ずっと起きて勉強していたのにちょっと疲れて眠っていたら注意された、というような投書・抗議もあったが、半年ぐらいで明らかに旧図書館とは違う図書館環境が醸成されたように思う。それが千代田図書館の、明るく、清潔な雰囲気を保っているという社会的評価につながっているはずだ。

館内および千代田区内の文化資源・文化機関を案内するコンシェルジュ・サービスは、区民を含む利用者に最初に接する図書館の顔としてすっかり定着しているように思われる。本の紹介や書架案内など、従来レファレンス・サービスの範疇《はんちゅう》に入っていたサービスの一部も担っていて、千代田ゲートウェイのゲートウェイ的役割を果たしている。当初から一定レベルの人材を確保し、それだけの訓練をしていたことが大きいのだろう。そうしたある意味当たり前のことを公務員でやるのは極めて困難があり、指定管理者制度採用の大きなメリットである。

書斎機能やセカンドオフィス機能を支援するレファレンス・サービスについては、レファレンス記録などを見ると、体制やトゥールが不十分な中で担当者は頑張っているようだ。ただ、「レファレンス・サービス」そのものに疑問を持っている私にとっては、いずれその脱構築?が必要だと思っている。つまり日本でレファレンス・サービスとしてひとまとめにされている諸サービス（読書相談、利用案内、書誌情報検索、情報提供サービス、調査支援など）をもう一度分解し、それぞれ別のサービスとして組み立て直さない限り、利用者に対して「サービス」としてすら認知されることはないだろう。新しいプロダクト（サービス）デザインが必要なのである。

これらのサービスの結果、新旧の千代田図書館では、利用者層・利用形態が大きく変わったことを実感している。旧図書館時代の利用（者）調査・分析がないため、数字上の比較はできないが、目標としたビジネスパーソン層の獲得や滞在時間の長期化（3〜5時間の滞在利用者が最も多い）、利用マナーの向上をある程度達成できたのは確かだ。何より、新しい都市型公共図書館のイメージを社会的にアピールすることができた。もちろん、それは到達点ではなく、真に新しい公共図書館像を創っていく出発点に立ったということでしかない。

●キッズセミナーフィールド

児童サービスが公共図書館として重要なことは確かだが、絵本・児童書を揃え、お話し会をやっていればそれでいいのだろうか。多くの公共図書館で、お話し会がほとんど唯一の図書館事業・イベントになっている印象は否めない。私の着任前の千代田区立図書館もそうだった。児童サービスに限っても、他にすることあるいはすべきことはないのだろうか。

指定管理者の提示した「子どもを中心とする多年代交流」というコンセプトは、そもそも子どもの数が少ない千代田区での児童サービスの展開を今後考えるうえで核になりそうな気はしていた。親子での参加を前提に、橋爪大三郎氏ほか一流講師陣を招いて行なった「夏のわくわく課外授業」（2008年の夏休み期間中）は、その意味で、ひとつの方向性を示したものだ。もともと千代田図書館サポーターズクラブの沢辺均さん（ポット出版）から提案され、面白いと思った私が図書館側に提示したことから企画が始まったが、内容が固まり応募を開始してから数日で定員が埋まってしまう盛況さだった。その後「おとなも一緒に紙芝居鑑賞」などの企画もあり、発展的な路線になってほしいものだ。

新千代田図書館でも開館当初から「おはなし会」は実施されているが、子どもの少ない千代田区で、さらに住宅地でもない千代田図書館の立地条件で、そもそもそのようなサービスをする意味があるのか（特に費用対効果の観点から）、個人的にははなはだ疑問だが、従来の「司書」の人たちには必ずやるべきことになってしまっているようだ。そんな待ちの姿勢ではなく、子どものいるところに司書が出て行ってサービスをしたほうがいいのではないか。そのひとつの回答が、新図書館開館初年から始まった学校等への司書派遣だ。

公共図書館から小学校への司書派遣は、いまやそれほど珍しいものではない。東京23区では、品川区が嚆矢《こうし》だったように思う。千代田区の場合、ユニークなのは、対象が小学校だけではなく、区立の幼稚園、保育園、児童館すべてを含むことだろう。財政部門に予算を値切られ、派遣頻度はかなり低くなってしまったが、派遣先の先生方や保護者からは好評を得たようで、派遣回数増加の要望は強く、実施2年目は週1回だった小学校への派遣を学期中は週2回へと増やすことができた。区担当者による指定管理者評価の一環として、私が行なった図書館職員面接（年度当初と終期に行ない、その間の向上度を評価する）の際、実力がありながら、図書館の運営方針や労働条件等の面でかなり不満をもち、やめてしまうのではないかと危惧の念をもったある児童サービス担当職員がいた。ところが私の離任後に、彼女は学校派遣担当に代わり、私が久しぶりに図書館に訪れたときに表情がすっかり明るくなり、意欲的になっているのを見て驚いた。子どもだけでなく、先生や保護者とも相談しながら学校図書館を運営していくという経験が、本来もっていた司書の力量・意欲を引き出してくれたのだろう。図書館の中に引き籠るのではなく、外に出て様々な関係者との交渉・協力を通じて図書館サービスを全域に展開していくことこそ司書の仕事なのである。

指定管理者を募集するための千代田区立図書館業務要求水準書作成時までに学校等への司書派遣事業の実施計画がまとまっていなかったので、指定管理者への委託費（以下、指定管理料と略）の中に盛り込めず、初年度（平成19年度）は区の事業を指定管理者に委託する形をとった。2年目（平成20年度）からは予算も一本化され、指定管理者本来の業務になっている。合わせて千代田区読書活動推進計画の実施推進機関として千代田図書館を位置づけ、平成20年度にはそのための読書振興センターを館内に設置し、その下にコンシェルジュ、広報、学校等支援の担当を置くことにした。センターといっても、とりあえずセンター長の人件費を確保しただけであるが、読書振興に関わる区内の各種機関・団体との連絡・調整、企画・広報を担うことで、区全体としての取組の推進役を期待したものである。このような形で図書館内に読書推進機関を置くのは、おそらく全国初だったのではないだろうか。

ついでなので、千代田区読書活動推進計画について一言触れておこう。2001年の国の子ども読書活動推進法（通称）成立以来、それを受けてまず都道府県レベル、その後市区町村レベルでも域内の読書活動推進計画を作成する動きが広がった。私が千代田区に着任した時点では、23区の3分の1程度で計画が策定済みだったが、千代田区ではまだ策定しようという動きもない状況だった。策定の主体は、多くの自治体では教育委員会事務局の学校教育を担当する部門が一般的だが、公立図書館が中心的役割を果たしている自治体もわずかながらあった。新千代田図書館を単なる来館・資料貸出施設ではなく、区内全域への図書館サービスや文字文化振興のセンターとしたかった私は、これを絶好の機会と捉え、図書館を所管する図書文化財課が中心となって（具体的には所管課となること）、推進計画を策定しようと考えた。幸い教育長以下事務局幹部の理解も得られ、学校教育担当部門や現場の学校、保育園等の関係者からなる検討会を組織し、新図書館開館前に計画を仕上げることができた。その後、教育委員会、区議会、区長等への説明と了解を得て、区の計画として正式に決定した。当然ながら、その実施権限と責任は区の図書館行政担当にあるが、具体的な振興策の企画・実施は図書館に大きな裁量を与えており、今後の展開を期待したい。ただし、そのための予算措置等区側の支援措置が不可欠であることは言うまでもない。

●歴史探究のジャングル

千代田図書館に都内図書館有数の120年の歴史があるということを着任して初めて知った。驚いたのは閉架書庫へ入ってみてからだ。開架資料を見て、その貧弱さと古さ——それもほんとうに古書的価値がある古さならまだしも、ただ新しい本が汚く古くなっただけのような——に、これでは新しい本を多少買い揃えても、蔵書内容を中心に新図書館のサービスを構成するのは難しいなと思っていただけに、その違いに目を見開かれた。私自身は古書趣味もなければ、書誌学的知識もないが、それでも書架上に戦前期の面白そうな資料が並んでいるのがわかった。国会図書館にない資料もありそうだ。その後、内田嘉吉《かきち》文庫▼2、反町コレクション（古書販売目録）、内務省検閲本、火災保険特殊地図など、まさにこの図書館にしかない資料群をたくさん所蔵していることがわかった。率直なところ、内田嘉吉文庫などは一般の公共図書館利用者には猫に小判で、どこか専門研究者のいる大学図書館に売ってしまって、その代金で開館の目玉になるような資料でも買ったほうがいいかなと思わないでもなかったが、最初のころ石川千代田区長に「あんなものは新図書館に持っていかず処分してしまえ」と言われたときに、「千代田区の貴重な財産を残す義務があります」と反発してしまい、ちょっと後悔している。区長も実際は手放す気はなかったようで、「ただ死蔵していてはだめだ、活用を考えろ」と、発破をかけられたようなものだった。

　こうした古い貴重な資料群は、利用者からの認知はもちろん、それ以前に図書館員がその価値を認めて利用者に提示できなければ、存在しないも同然だ。千代田図書館には鈴木理生《まさお》氏という江戸研究の専門家が１９８０年代半ばまで在職し、これらの資料の価値は十分認識されていたのだが、彼の離職後、図書館にも資料にも特段関心のない一般行政職人事の中で、その資料価値はすっかり埋もれてしまったようだ。それでも着任以来2年半にわたって私の補佐役をしてくれた課長補佐は、どう貴重なのかはよくわからないが、それらのコレクションをなんとかしなければならないという課題があることは認識していた。そこでリニューアルオープンまでに、少なくとも内田文庫と反町コレクションがＯＰＡＣ上で検索できるようにすること、閉架書庫内に混排《こんぱい》されていた内務書検閲本を抜き出してコレクションを構成すること、一般図書と形態が異なる和本、地図等の所蔵把握と分離・保存などはやっておこうということになった。

内務省検閲本▼3の存在についても、千代田図書館に来るまで私は知らなかった。帝国図書館が所蔵していた検閲本が国会図書館に引き継がれたことは知っていたが、内務省に納められた2部のうちもう1部が、日比谷図書館を経由して、京橋図書館、深川図書館、駿河台図書館（千代田図書館の前身）に分散配置されていた。しかも実際に検閲作業で使われたため、検閲担当官のコメントが付されているものである。鈴木氏退職後、千代田図書館内では看過されてきたこれらの資料の重要性を指摘して、対応を働きかけてくれたのは部外者である出版史研究者浅岡邦雄氏（当時白百合女子大学図書館、現中京大学准教授）だった。浅岡氏にはその後千代田図書館アドバイザー会議（新図書館では目的を限定した出版アドバイザー会議に改組）の一員にもなっていただき、同コレクションの分析など、大きな貢献をしていただいた。

官庁組織では審議会や研究会を設置して外部の意見を聞く仕組みはあるが、結論は初めから決まっていて、「彩を添える」程度の意見は反映されるが、方針を変えるような論議にはならないのが普通だ。千代田区にはおそらく基礎的自治体として日本最大の文化・知的情報資源と人材が集積している。区役所や図書館内部の限られた知恵で考えるのではなく、外部情報資源の活用や専門家の意見を最初から取り込んで、千代田図書館の運営とサービスの方向性を定めていくのが私の方針だった。面白そうな外部の意見は取り入れてみる、うまくいかなければやめればいい、公共図書館はもっと新しいサービス・運営を試してみるべきだ。

このように旧駿河台図書館蔵書を中心とする貴重資料の整備はある程度進めたが、それを新図書館でどのように活用したらいいか、基本計画策定時点では展示会程度のアイディアしか思い浮かんでいなかった。なんとか活用していく方法はないだろうかとSVの菅谷社長らにボールを投げた回答が「歴史探究のジャングル」だった。ぱっとしない？開架資料と比べて、知識のジャングルである閉架書庫の探検を売りにしようというわけだ。問題は手段である。

最初の提案はバックヤードツアーだったが、いまひとつピンとこない。素人がいきなり17世紀海洋探検記の初版本や昭和初期の思想書を見て面白いだろうか。博物館資料と違って、いくら古くて貴重でも基本的に文字が並んでいるだけの資料が大半である図書館はつらい。そこで出てきたのが、別の文脈で考えていたサポーターズクラブ（SC）の活用である。

SCの設立自体は、図書館支援者と優良利用者の確保が最初のねらいだった。よくある図書館友の会のような、一般住民をボランティアグループ的に図書館業務の手伝いのために組織化するというのではなく、出版関係者や学識者など専門知識・スキルをもった方々に、図書館業務・サービス改善への助言、関連する団体との協力窓口、新規サービスのモニタリング等を通じて、図書館の模範的利用者・支援者になっていただこうというものだ。図書館における一種の社交の場づくり、将来の有料会員制も視野に入れていた。菅谷社長の提案は、神田雑学大学▼4などの協力も得ながら、SCの主要な事業として内田文庫を始めとする貴重資料の発掘（資料価値の発見、普及）をしてもらおうというものだった。そこで、SCメンバーでジャングル探検隊と称する閉架書庫内の資料探索・調査チームを組織し、その成果を展示や講演会などで公開していくことになった。愉快なことは、菅谷さんがチームの先頭に立って書庫探索を行ない、その成果の一部を披露する講演会まで自分でやってしまったことだ。普通のコンサル会社の社長では考えられない、いい意味で「おかしな人」である。

こうした活動の成果は着実に表れており、2008年の各種セミナー・トークイベントに加え、2009年に入ってからは、「実務家の本棚から見る近代日本」などの展示を矢継ぎ早に行なっている。そしてとうとう『サポーターズクラブとジャングル探検隊——千代田図書館蔵内田嘉吉文庫を探る』という内容充実の小冊子まで発行してしまった。このように日常的な図書館サービスの一環として、古い蔵書の価値を発見し、利用者に知ってもらう活動にこそ、無料貸本屋ではない、公共図書館の大きな意義があるのではないだろうか。それが直営図書館ではなく、指定管理者制度のもとで行なわれていることは皮肉なことだ。

残念なことにSCは平成20年度いっぱいで廃止されることになった。その理由は私には定かでないが、新書マップといい、当初のサービスの水準を守れなくなっていることが心配だ。

●Web図書館サービスと情報システム

当初、区で指定管理者を応募した際には業務要求水準書に盛り込まれていなかったが、新図書館開館後、指定管理者の自主的な努力で実現したサービスに「千代田Web図書館」がある。電子ブックを24時間オンラインで提供するという、日本の公共図書館としては画期的なサービスだ。来館しなければ受けられなかった公共図書館サービスを、自治体全域に展開していくためには、今後ひとつの有望な手段となるだろう。提供しているタイトル数が少ない、分野が限られるという批判もあるが、それは瑣末な話だ。これから増やしていけばいいだけのことだろう。そんなことよりも、不正アクセス・コピー防止を含めた提供システムの導入や、コンテンツを提供してくれた出版社と粘り強く交渉し、その理解を得てサービスを実現できたことを大いに評価すべきである。日本の図書館界はなぜそのノウハウを積極的に学ぼうとしないのだろうか。田中館長を始め千代田図書館にシステムの専門スタッフが確保できたからこそ可能になったという意味では、これも指定管理者制度のメリットを生かしたと言える。

一方、図書館システムについては、少し残念なところがある。指定管理者導入と実質5年契約のシステム更新が1年ずれたことは前述した。そこで、納入事業者の選定を含めた新しい図書館システムの導入は、区の定めた予算の範囲で、指定管理者にすべて任せることになった。そこまで任せてしまうのか、あるいは任せて大丈夫なのかと、他の自治体関係者に話をすると驚かれる点だ。しかし、実際の図書館運営・サービスを行なうためのシステムである。現場の担当者が使いやすい、必要な機能を盛り込めるシステムを自分たちで考え、システム事業者と交渉し、導入することが合理的なことは明らかだ。結果的には、おそらく区が直接行なうよりも半額程度の金額で、希望する機能を実現できる図書館システムが導入できたようである。私の不満はその点にあるのではない。

一般的な図書館システムとしては、十分合格点であっても、これからの図書館情報機能がそれでいいのかという問題がある。つまり、図書館の貸出管理等業務処理と図書館蔵書を検索するOPACだけの機能では、もはやすまされないのではないだろうか。私は今ではもう従来のようなOPACは図書館にはいらないと思っている。世界中の情報を検索できて、そこに図書館蔵書がわかるようになっていれば十分だ。情報検索機能だけではない。行政情報や地域情報を組織化・蓄積し、利用者間の知的な情報発信・交流を支援する機能が、これからの図書館システムには不可欠だと考える。こうしたことは、私も最近強く感じるようになったことで、今回の千代田図書館システムの更新時に、そこまで取り入れて考えてほしかったというのは望蜀《ぼうしょく》になってしまうだろう。しかし次の機会には、どこまでこうした機能を実現できるかが、図書館自体の価値をかなり左右する要素となるはずだ。

運営の実態

●3社連合の体制

千代田区立図書館は指定管理者3社の共同事業体による運営を行なっている。そこに至った経緯は第2章で述べることとして、ここでは実際の運営がどのようになっているか言及しておきたい。

まず、千代田図書館の革新性は、1社の単独運営では実現できなかったことは確かだ。その意味で、3社がそれぞれの強みを発揮することのできる連合体であることに成功の大きな理由があった。しかし組織にはそれぞれの組織文化がある。また利害がすべて一致するわけでもない。その点では、3社が共同して行なう図書館運営の中で、様々な問題が生じ、またこれからも起きてくるはずだ。ひとつずつ解決しながら進んでいくしかない。公共図書館への指定管理者制度導入は、日本図書館協会などの頑迷な反対にもかかわらず、今後まだある程度広がっていくだろう。もちろん直営にとどまる図書館もあるだろうし、別の経営形態をとる図書館も現れるかもしれない。あらゆる制度にはメリットとデメリットの両面があり、あとはその図書館の置かれた経営環境の中で選択すればいいことである。ただ指定管理者制度をとる場合、単独で革新的サービスを実現できる実力をもった受託候補企業はまだ育っていないように思われる。

千代田図書館の場合は、図書館の窓口業務を中心とする委託事業に実績のあるヴィアックス社（以下Vxと略）、ホール運営や広報・マーケティング業務を請け負うSPS（サントリーパブリシティ・サービス社）、PFI事業等の企画・運営に関わるコンサルティングを行なっているSV（シェアード・ビジョン社）の3社から成るヴィアックス・SPSグループが運営している。その代表はVxであるが、3社をまとめ、指定管理者企業連合体と区側との調整窓口として置いてもらったゼネラルマネージャー（以下、GMと略）は、SVの菅谷社長が務めている。応募を受けた際は知る由もなかったが、同グループが指定管理者に選ばれた最大の理由である新奇性・革新的サービスの提案は、その多くがSVに負うものであることが、開館準備の打ち合わせをする中でわかってきた。その意味で菅谷さんのGM就任は妥当だった。ただ3社の中で最も小さな（それも飛びぬけて小さな）企業がまとめ役をすることによって生じる困難もある程度予想できた。

指定管理料を3社でどのように配分したか、当然ながら私の与り知らないことではあるが、担当する業務分野と仕事量、人的配分にある程度対応したものになっていることは想像に難くない。

初年度の千代田図書館に限って言うと、組織は大きく、サービス、総務、企画・システムの三つに分かれ、館長以下常勤職員25名、パートタイマーもほぼ同数がそこに配置された（左図参照）。サービスと総務部門がVx、企画・システム部門のうち、部門責任者（プロデューサーと呼ぶことになった）と企画がSV、広報・コンシェルジュがSPS、システムがVxという担当だった。職階は、館長、プロデューサー（3人）、企画、広報、レファレンス・サービスなど各セクションのチーフ、一般職員、パートタイマーとなり、その職務に応じた報酬が支払われる。区は、この職階と配置人数に応じた人件費を指定管理料に組み込んでいる。指定管理者が、勝手に高位の職階の人数を減らして、下位の職階に割り振ることは認めていない（逆のケースは常識的には考えられない）。一方で、民間組織としての柔軟性のメリットを生かすため、担当職務の変更は基本的に自由に行なえるようにしたが、チーフ以上の職務については区への事前相談を必要とした。

指定管理者制度の批判として、低賃金労働者の存在が指摘されるが、千代田図書館の場合、

●千代田図書館の組織図（平成19年度）

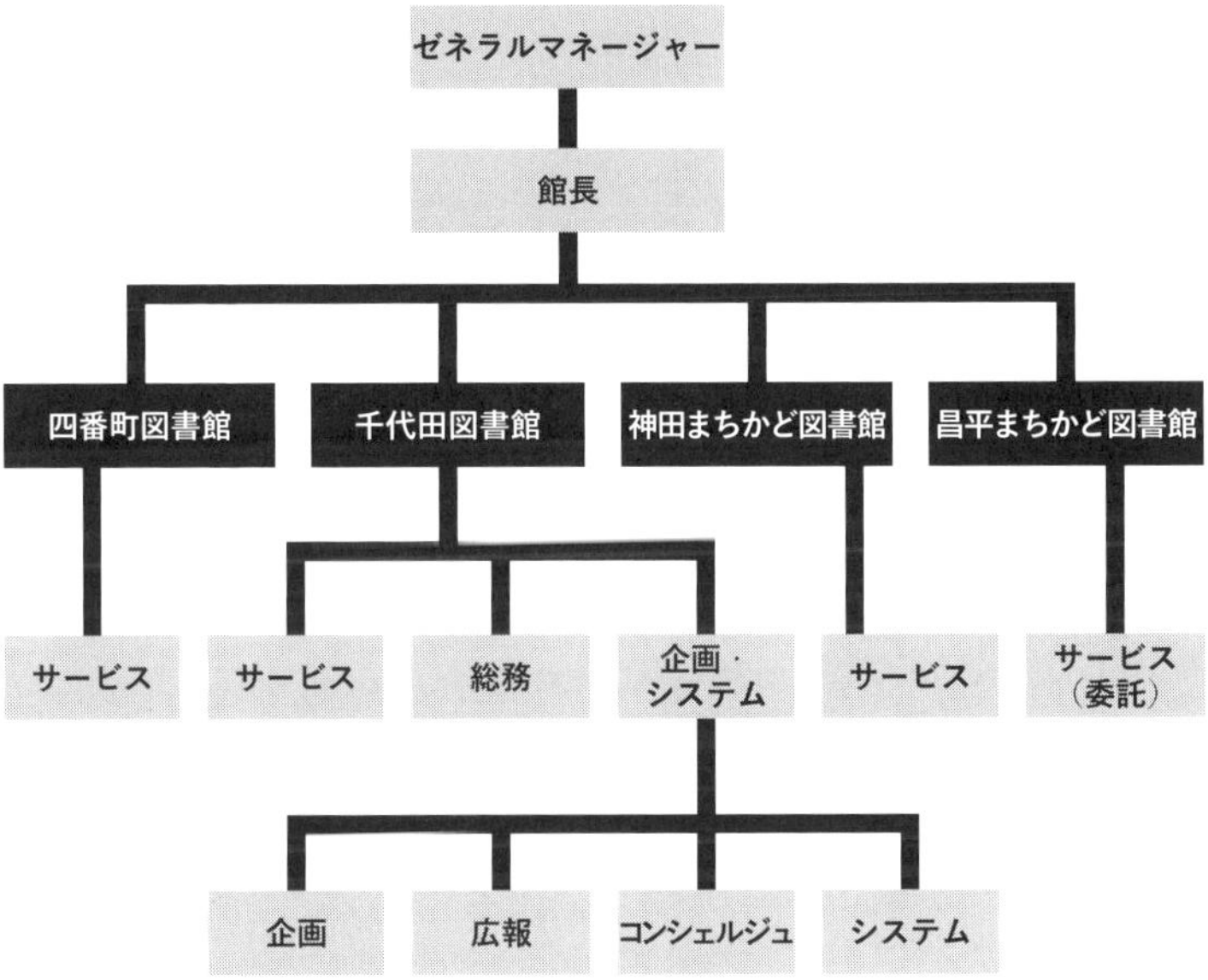

職員数	職員（人）	スタッフ（人）
千代田図書館	25	22
四番町図書館	5	15
昌平まちかど図書館	1	5
神田まちかど図書館	5	11

※「平成 19 年度　千代田図書館年報」
（http://www.library.chiyoda.tokyo.jp/guidance/pdf/nenpou_h19.pdf）より
※平成20年度は、業務・サービスの拡大・再編成に対応して、サービス、企画・システム、読書振興センターの3部門に組み替えられた。詳細は「平成20年度　千代田図書館年報」（http://www.library.chiyoda.tokyo.jp/guidance/pdf/nenpou_h20.pdf）参照。

当然ながら職階に応じた給与となり、パートタイマーは低賃金かもしれないが、そうでない職員も大勢いる。直営とは名ばかりで、大半の窓口業務が委託されている図書館で働くパートタイマーの平均給与よりも高いことは確かだ。日本で最初に指定管理者制度を導入した山中湖情報創造館が、極めて低い賃金水準だったため、すべての指定管理者制度導入館がそれと同じようにみなされるのは困ったことだ。予算削減だけを目的にしたような指定管理者制度導入が横行していることは確かだが、千代田区立図書館のように、館長を含めた各専門分野幹部も合わせて制度導入の対象とすることによって、全体の給与水準の向上と昇給の可能性を保障していく必要があるだろう。

●職員の編成

会社の体質がどうであれ、開館に向けてどのような人材を集めてくれるかが、新図書館の成否を握っていることは間違いなかった。すでに応募の段階からそれなりに社会的注目を集めていたこともあり、落選した会社を含めて、千代田図書館の受託にはかなり力が入っていたようにみえた。前の図書館職員（区の常勤職員、非常勤職員、委託職員）を総取り換えするという荒業だけに、いきなり初めての職場でも力を発揮できる人材が必要である。その点で各社は概ね頑張ってくれたと思う。司書部門の一般職員は、全員図書館経験のある司書有資格者で、新しいことに取り組もうという意欲が窺えた。システム担当者も、通常の公共図書館では難しいと思える経験・知識をもつ人材を配置できた。図書館コンシェルジュは、「日本初」の職種なので、経験は望むべくもないが、レベルの高い人材が集まり、訓練も怠りなかった。こうした人材確保ができることが、指定管理者制度の最大のメリットではないだろうか。

ひとつ、「これは違う」ということがあった。それは司書・総務部門の責任者のレベル、あるいはタイプといったほうが正確かもしれない。Vxが確保してくれた人材は、図書館業務委託のマネージャーとしては、申し分なかったかもしれない。しかし、私が考えた新しい公共図書館をつくっていくための中核となる人材ではなかった。このことは、私の理念に対するVxの理解度を象徴的に表していた。従来の図書館業務委託で望まれていたような、定型的仕事をきちんとこなすことを求めているのではない、新しいサービスを創造していくのだ、ということがなかなか理解してもらえなかった。この点で、私の理念を理解し、それに沿った形で具体的なサービスの提案をしていたSVとの温度差は極めて大きかった。

何事にも「中立的」な感じのSPSを真ん中にはさんで、VxとSVの組織文化の違いは両極端といってもよい。社長も社員も同じ土俵で自由に意見を言い合っているSVと、上司が話をしている間部下は気をつけをして聞いているような（あくまで譬え）Vxは、発想で勝負するコンサルティング会社と定型的公立図書館業務委託で役所との折り合いをつけていくことに醇化《じゅんか》した会社との違いであり、そう簡単に融和できるものではなかった。共同企業体は各社それぞれの強みを生かすことができるメリットがある一方で、3社協調のためのコストは安くはない。

そうは言っても、現場で誰がどこの会社だと言い合っていても始まらない。第一、Ｖｘが担当した司書部門の職員は、ほとんどが千代田図書館のために集められた初顔合わせのメンバーだ。それをまとめる役割の田中新館長は大変だったろう。田中館長は図書館経験が長いとはいえ、富山大学図書館の事務部長からＳＶが引き抜いた、大学、それも国立大学図書館畑の方で、公共図書館は初めての経験である。大半の職員が違う会社から給料をもらっているこの混成部隊をひとつの組織として運営していくには様々な困難があったに違いない。実際、いろいろな問題が起こったようだ。

司書部門の職員が全員司書資格を持ち、それなりの図書館経験があることは、即戦力を保証した。普通の図書館ならそれで十分だったかもしれないが、千代田図書館がめざす方向は一般の公共図書館と違っている。そのことは彼らが大学や図書館現場で学んだ司書のあり方・図書館のあり方が、そのままでは通用しないことを意味している。そのギャップに戸惑った職員も多かっただろう。新館長が打ち出した、利用者からのリクエストが多い話題となっている新刊の小説類であっても、原則として1冊、多くて2冊までしか購入しない、という原則は、利用者の要望に応えるという理由で何冊あるいは何十冊も複本を購入する図書館のやり方とは一線を画している。利用者の要求に応えて貸出を行なうことが図書館サービスの本質だと教えられた職員にとっては、すぐには納得いかなかったはずだ。

東京中の図書館を訪れている図書館愛好者のブログに、千代田図書館では現場の職員が幹部の改革志向を十分咀嚼できていないのではないか、という批判が載ったことがある。確かに書かれた時点ではそのとおりだったが、全職員が最初から改革理念を共有しているというようなことは、改革に成功したと言われる民間企業でもありえないことだ。区側も館長以下図書館幹部も日々の実践を通じて一般職員に説明したり指導したりして徐々に理解を深めしいくしかないだろう。それだけの継続性が必要である。

●区と指定管理者の関係

行政法上、あるいは契約上の形式的な関係は別にして、区（図書館担当）と指定管理者との実際的な関係に触れておこう。千代田区では、区立図書館への指定管理者制度導入に伴い、それまで図書館・博物館・文化財行政及び千代田図書館長を兼ねていた教育委員会事務局の図書文化財課長を廃止し、図書館行政については、教育委員会事務の補助執行を行なうという形で、区長部局である区民生活部に課長級のスタッフ職である副参事（特命担当）を新たに置いた。図書館の日常的な運営は館長以下の図書館スタッフ、経営全般はGMを窓口とする3社の連絡会、区は図書館運営全体のガバナンスと図書館行政という分担だ。とはいえ、少なくとも開館初年度（平成19年度）は、副参事の私（他に2名の区のスタッフ）と指定管理者が一体的に図書館の企画・運営を行なった。私の理念を実現化するために、新規サービスのあり方から家具の配置や制服の選択に至るまで指示・意見を伝えた。逆に指定管理者のほうからも様々な提案を受け、毎日何度も協議を重ねながら新しい図書館の体制、業務・サービス内容を形づくっていった。区が方針を示し、それに則って（その範囲で）指定管理者がいくらかの裁量をもちながら運営していく、という教科書的図式ではなく、現場で「協働」して作り上げていくという姿勢が指定管理者制度の運用には不可欠だと思う。私の直属スタッフ（区の職員）を見ていて感じたのは、「業者の指導・監督」という執務スタイルに公務員が慣れてしまって、民間事業者と同じ土俵に立って連携していくような組織文化にうまく移行できていないことだった。指定管理者制度のメリットを生かしていくためには、事業者のミスや欠点の指摘ばかりしている減点主義ではなく、創意工夫や努力を積極的に評価する加点主義への転換が自治体側にも求められる。

千代田図書館の運営で意外だったのは、民間経営手法の導入、特に管理運営業務の合理化・革新を期待していたのに、必要な規則類の制定、統計、報告、様式の決定など多くの事務手続きが滞ったことだ。これは担当者の資質の問題もあったが、そもそもこれまでの図書館業務委託にはなかった仕事で、指定管理者側にノウハウがなかったことも大きい。まったく民間企業流にやっていいということであれば、また違う仕方もあったかもしれないが、最終的には区の定めた条例や諸規則・様式、財政・会計制度と整合性を取る必要があり、自由に処理できるという状態ではなかった。この面に限らず、指定管理者制度で民間の手法を十分に活用するためには、国・自治体の行財政制度の改革がまだまだ必要だ。

●行政の指導力の確保

千代田図書館の開館準備段階はもちろん、開館後も、経営レベルだけでなく、図書館の個別具体的な運営について私は意見を言い、場合によっては「こうしてください」と指示もしてきた。ほとんど毎日図書館内を巡回し、気がついた改善点はすぐ館長や担当者に伝え、その後の対応もチェックした。そうしなければ、新しい公共図書館像の実現は難しいと思ったからだ。それができたのも、図書館のだれよりも図書館経営の専門家だという自負があったからである。

指定管理者制度の批判に、直営から指定管理者への移行による時間経過とともに、監督すべき行政側の知識・ノウハウが失われ、指定管理者を評価・コントロールすることができないばかりか、自治体としての図書館運営方針・政策の策定も難しくなってしまうという指摘がある。私もそれが最大の問題だと思う。千代田区の場合は、私を任期付き職員として採用し、後任も同じ国会図書館から出向することで、とりあえずこの課題はクリアしているが、いつでも問題となる可能性をはらんでいることは確かだ。しかし、公務員というだけで図書館に関して素人の館長や職員が運営しているような直営公立図書館では、引き継げるような専門的知識やスキルなどは最初からもっていないわけで、それなら館長以下の職員が司書資格や図書館経験のある指定管理者に任せたほうがまだずっとましだろう。

この問題は、図書館というよりも、現在の自治体行政全般に言えることで、委託先の民間事業者やNPOなどを監督し、あるいは協働していくための各分野の専門家をどうやって自治体内部に確保していくか、今後の対応を迫られている。

●関連機関との連携と広報

関連機関との連携、特に同じ自治体の直営施設や他の自治体直営図書館との関係が指定管理者の下にある図書館では難しくなるという批判が図書館界にあった。しかし、これこそ根拠のない、公務員の官尊民卑観の反映ではないだろうか。千代田図書館では、公立・私立を問わず多様な施設・機関との協力関係を通じて、情報提供、資料展示、イベント開催等の図書館サービスを展開している。それは大学、書店、古書店、出版社、新聞社、ミュージアム、学校、国立劇場や国立天文台など国の施設、NPO、民間企業へと広がりを見せ、図書館で所蔵しない外部の文化・知的情報資源の活用という点で、千代田ゲートウェイを象徴する活動となっている。外部の情報・文化施設との連携は、計画の初期段階から私がぜひ取り組みたかったことだ。それが着実に進められている重要な要因は、専任担当者の設置にあることは間違いない。事業企画担当として、初年度（平成19年度）はチーフ1名、2年目はその下に1ポスト（2名でワークシェアリングしているそうだ）が配置された。いずれも必要なポストとして予算要求を行ない、認められたものだ。

事業企画担当と並んで、私が不可欠と考えていたのが広報の専任担当者だ。両ポストとも一般の公共図書館では軽視されているが、特に広報▼5については、専任担当者がいる公共図書館は全国でもほとんどないはずである。千代田図書館では、指定管理者が決まった段階で、専任担当者の確保をお願いしていたが、最初から2名も配置されたのは驚きだった。指定管理者のほうでも、その重要性は十分認識していたのだろう。その効果はあった。

広報の開館時の目標は大きく二つあった。ひとつは、こちらが望ましいと考える新しい顧客層にアピールすること、もうひとつは各種ステークホールダーに千代田図書館はこれまでの公共図書館とは違う方向をめざしていることを理解してもらうことだった。それを徐々に浸透させていくのではなく、最初の段階で大きく印象づけられるか否かが、その後の千代田図書館運営の成否を握っていると考えていた。蔵書数の少なさ、指定管理者制度の導入、貸出サービス偏重の是正など、旧来の利用者を含めた図書館関係者から否定的に受け止められる要素が「満載」の新図書館に対して、情報・知識の創造という新しい方向に向かって進んでいく新図書館の積極的側面を、ジャーナリズムを始めとする社会各層の支持を得ることによって打ち出していく必要があった。

SPS出身の広報担当者は、宣伝の経験はあったが、必ずしもパブリシティの専門家ではなかった。しかし、私の意図を理解し、成果をあげてくれた。一般の司書がたまたま広報の担当になった程度では、とてもそのような成果が望めなかったことは確かで、それぞれの専門分野の人材を確保できるという指定管理者制度の最大のメリットが生きた例と言える。

●図書館行政の役割と位置づけ

図書文化財課長という本来図書館行政を担うポストについた以上、私の任期を図書館の運営だけに終わらせたくはなかった。一般の自治体では、図書館長ポストは、教育委員会事務局の担当ラインポスト（生涯学習課長や社会教育課長の所掌の一部が多い）とは離れた、図書館という施設運営の長という位置づけが多いように思われる。千代田区のように両方を兼ねていたのは少数派だ。千代田区への出向を受けた理由に、国会図書館では経験できない一般行政職ポストを兼ねられるということがあった。それによって、教育長が主催する事務局会議や教育委員会にも日常的に参与することになったことは、確かに議題の多くは学校教育関係ではあったが、いい経験だった。実際には、千代田区でも図書文化財課長の役目は、千代田図書館長および四番町歴史民俗資料館の運営が大部分で、あとは文化財行政に関わる業務があったが、図書館行政や博物館行政が別にあるとはあまり考えられていなかったようである。これは千代田区が特別というわけではなく、地方自治体における図書館や資料館の位置づけが、悪く言えば、施設が滞りなく運営されていればそれでいいという程度になっている反映と言えるだろう。

どこまでを図書館行政の範囲と考えるかは、各自治体の方針と組織編成のあり方に依存するので一概には言えないが、全域的な図書館サービスの提供を保障することは、最低限の本来の任務だろう。しかしそれが実際にはほとんどの自治体で行なわれないまま、今後も図書館施設の運営だけに留まっていては、永遠に全域サービスという課題の解決はできない。近年盛んになってきた読書・出版文化振興活動についても、官民を横断した様々な機関・個人の連携が不可欠だが、図書館がその中核機関になることは、その中立性・公平性・公開性・共通性など公共性の観点から考えて、自然なことのように思われる。また、学校図書館支援を始めとする各種支援サービスも、図書館施設内でのサービス提供を前提にしていた従来の公共図書館の枠組みを超えるものになっていくだろう。

こうした図書館行政を自治体行政施策全体のどこに位置づけていくかは、今後の公共図書館発展の方向性を左右する重要な問題だ。一般に図書館行政は教育行政下の社会教育行政、近年は生涯学習施策の一環として位置づけられることが多い。博物館・文化財行政も同様である。千代田区もそうだった。しかし、私の考えでは、図書館の果たす役割・機能は教育または生涯学習にとどまるものではない。資料・情報の収集範囲や支援サービスの対象は、教育、医療、福祉、産業など行政のすべての分野に及ぶ。図書館内ではあらゆるテーマの資料展示やセミナーの開催が可能だ。図書館・博物館・文化財をまとめて所管したことを幸いに、それらを包括するより広い概念である文化資源というまとまりをつけたうえで、その発掘・収集・組織化・保存・活用を担う組織を作ろうと考えた。文化資源行政は、行政の特定分野というよりも、財政、人事、施設運用、情報システムなどと同じように、行政経営のための基礎的資源として、あらゆる分野の行政諸施策に活用されることが望ましい。石川区長はその趣旨をよく理解してくれて、図書館の指定管理者制度導入に伴う組織改編の中で（正確にはその1年後）、区長部局である区民生活部に、図書館・博物館・文化財行政を統合して所管する「図書・文化資源」担当副参事を置くことになった。図書館を文化資源として把握するのはまだ一般的理解を得ることが難しいということで、名称的には「図書」を文化資源の中に入れてしまうまでには至らなかったが、教育委員会事務局から離れた、こうした一元的組織の誕生は、おそらく全国初だったはずだ。私のほうは、残念ながらそれを実際に担う前に離任してしまったが、本来の趣旨に沿った今後の施策の展開を期待している。なお、平成21年度からは、日比谷図書館の移管業務が加わることに伴い、副参事から担当課長に担当ポストが格上げになった。

千代田図書館に対する評価

●社会的反響と利用者増

新千代田図書館の「新しさ」を社会各層にアピールすること、そしてこれまでの公共図書館に無関心あるいは反発を感じていた、本来は優良顧客となるべき社会階層の人たち（日常的に情報・知識を扱う仕事・生活をしている人）の公共図書館に対する認識を変えてもらい、できれば利用者・サポーターとして千代田図書館に関わってもらうことが、リニューアルオープンにあたっての最大の目標だった。合わせて利用者増も期待していたが、量的な増加よりも、利用者の質を高めたいと考えていた。利用者増や貸出冊数増が無定見に目標となってしまうことだけは避けたかった。事前に区の新庁舎整備担当に出した利用者増加率予想は、控え目に1・3倍としておいた（少なくとも1・5倍はいくとは思っていたが）。ところが、ふたを開けてみると、想定外の3〜4倍の来館者となり、報道効果は明らかだった。

広報、特にパブリシティに力を入れたことは確かだ。一般に役所の人は広報には消極的である。余計なことを言って変な批判をされるより、静かに着実に仕事をしたいというメンタリティがあるように思う。しかし新千代田図書館は、積極的にそのあり方を社会に提示し、共感を得るにせよ、反発・批判をされるにせよ、その反響を糧にさらに新しいサービスの開発に向けて前進することをモットーとしていた。注目されないことをいいことに、特定の限られた利用者に十年一日のサービスを細々と提供してきたのが多くの公共図書館ではなかったのか、そんな思いがずっとしていた。それを打破するための専任広報担当者設置である。しかしそれだけではうまくいかなかっただろう。千代田図書館の場合には、二つの好条件があったと思う。

ひとつは、行政側の担当者である私が国会図書館時代の広報業務経験者として広報の意義と方法に十分理解があり、すでに多くのジャーナリストの知己があったということ。もうひとつは、何より区のトップである石川区長が広報の意義を区役所の誰よりも理解し、積極的姿勢をもってくれたことである。

広報の効果は、図書館としては異例の新聞、雑誌、テレビ等報道数の多さや見学・訪問者の圧倒的増加に現れた。マスコミ報道は、たとえ図書館利用者増に直接結びつかない場合でも、新千代田図書館に対する好印象を広く社会的に定着させる効果があった。それは千代田区民に、全国的に誇れるものがひとつ増えたということを意味している。たとえ直接の利用者とならない場合でも、納税者として図書館を支えてくれる区民に、図書館の存在意義を理解してもらうことは大変重要なことだ。従来は図書館関係者に限られていた見学・訪問者についても、これまであまり公共図書館に縁がなかったような経済・社会団体の関係者に来てもらうことができた。

私がうれしかったのは、これまでの図書館は、たとえ評価され褒められるにしても、結局は図書館関係者という狭い世界の話に過ぎなかったのに対して、千代田図書館はそれを打ち破って、社会一般のサービスに伍して評価されたことだ。その典型は、2007年の『週刊東洋経済』（8月11／18日号）で、ANAなど名だたる企業のサービスと並んで「ニッポンで一番売れるサービス50」のひとつに選ばれたことだろう。行政サービスが選ばれること自体が難関だが、こうした形で公立図書館が選ばれたのはおそらく全国で初めてのことだった。また、2008年には、サービス産業生産性協議会が3年かけて選ぶ「ハイ・サービス日本300選」に、やはり自治体の公共施設としては初めて選ばれている。このように民間サービスと同じレベルで公共図書館サービスが評価されたことに大きな意義があると言っていい。また、総務省の平成19年度地方行政改革事例集（新規事例　4公の施設の見直し）にも選ばれたことで、官民両方から評価されたことも特筆ものだろう。

図書館関係では、本章冒頭で紹介した Library of the Year 2008 大賞に選ばれたが、同賞も図書館を中心とする知的基盤施設を対象としており、また選考委員も図書館情報学研究者や図書館員に限らず、出版関係、ミュージアム関係など様々な分野の専門家から構成されており、図書館界の賞という意味合いは薄い。

広い意味での出版界との連携を訴えたことは、着実に関係者の心に届いたようだ。ジャーナリスト、出版関係者、情報文化産業関係者、自治体関係者など、私が今後の新しい連携先として考えていた人たちからは、彼らが書いてくれた千代田図書館に関する雑誌記事や個人ブログなどを見るかぎり、概ね好評価を得たことは確かだった。

●図書館愛好者の戸惑いと図書館界の沈黙

千代田図書館は、これまでの貸出図書館スタイルを意識的に変えた新しい都心型公共図書館である。セカンドオフィス機能、展示・イベントの頻繁な開催など「活動」を重視した運営、低層書架やカラーゾーニング、コンシェルジュ・デスクの設置、職員のカフェ風制服など見た目の新しさを素直に受け入れて喜んでくれた人も多かったが、伝統的な図書館愛好者には、蔵書の少なさやサービスの多様さ・「奇抜さ」（ある新聞記事の表現：私にとっては正統的な図書館サービスなのだが）に戸惑いを覚えた人も多かったようである。そうした人たちが、新しい図書館スタイルを理解して慣れてくれるのか、馴染めないまま反発を感じて離れていくのか、今のところその趨勢《すうせい》はわからない。

さらに戸惑いをもったのが、図書館関係者だった。指定管理者による運営というだけで、観念的に反発・全面否定するようなレベルから、偵察に来て蔵書の古さ・少なさを見て（自館のほうが勝った！と）安心して帰った図書館員まで、千代田図書館が大きな社会的話題を呼ぶことによって図書館関係者の注目を浴びたことは確かだ。しかし不思議なことに、同じ指定管理者制度を導入した各地の図書館運営や制度そのものの問題点が、しばしば図書館関係雑誌の記事で取り上げられることとは対照的に、千代田図書館については目立った賛同も批判もなく「無視」されてしまった。唯一の例外が『ず・ぼん13』（ポット出版、2007年）の特集座談会だったように思う。

しかし『ず・ぼん』における都内の現役図書館員たちによる論議は、千代田図書館は他の図書館と違う、と言うばかりで、その違っている点をどう評価するかについては正面からの論評を避けている印象があった。その点を司会役のポット出版沢辺氏が指摘し、座談に乱入している部分は面白いが、他の人たちは千代田図書館を異端視することで、「正統な」公立図書館を守ろうとしているように思えた。その後も図書館界は沈黙を守ったままである。その理由を推測すれば、千代田図書館が提起している現在の公共図書館の問題点に向き合いたくない、あるいはそれに対する回答を用意していないということがあるように思う。指定管理者制度導入の是非とは別に、千代田図書館が開発した多くのサービスは、これまでに公務員司書が担う直営図書館でとっくに提供されていておかしくないはずだ。それがなぜ提供できなかったのか、なぜ無料貸本屋と揶揄されるようになったのか、その問題に真摯に向かい合うことから逃げている。それが多くの日本の図書館人の現状だ。

●新しい利用者層の開拓

千代田区の特性を生かすためにも、これまで公共図書館が事実上無視してきたビジネスパーソンを顧客として獲得することを、新図書館開館初年度の最大の目標のひとつに設定した。その後行なった3回の利用調査の結果をみると、この目標はかなりの程度達成することができたようである。また、ビジネスパーソンに絞って行なったインタビュー調査によれば、千代田図書館を「セカンドオフィス」としてまず使ってもらうという狙いは、利用者のニーズに合致しており、予想以上の良質な利用者層が「常連さん」になっていることがわかった。それを定着させ、そこから新たなニーズを汲み取り、それを製品化（新規サービスの開発）していくことが、これからの課題だ。

こうした幾つかの調査から、第二、第三のターゲットとなるべき利用者層も明らかになってきた。しかし、その後そうした新たな利用者層のニーズに応える新規サービスの提供が行なわれていないように見えるのは問題で、今後の図書館活動の停滞を招くおそれがある。

新規顧客の獲得に努力する一方で、好ましくない利用者には利用を遠慮してもらうことも、図書館全体の利用の質を保っていくうえで大変大事なことである。旧図書館の利用者をそっくり引き継げばいいというものではない。リニューアル開館を好機と捉え、他の利用者の迷惑になる人、本来の図書館利用ではない人（居眠りに来る人など）、マナーの悪い人などに積極的に声をかけていった。公共の場で、靴どころか靴下まで脱いで胡坐をかいたまま本を読むような人に図書館に来てほしくはなかった。蔵書の質も重要だ。質の低い資料は、それにふさわしい利用者を呼び寄せてしまう。すでに旧図書館のときから、選書の質の改善には取り組んでいたが、指定管理者にもその重要性を改めて認識してもらった。こうした改善努力の結果、図書館の雰囲気は大幅に改善したように思う。この水準を保ち、さらに利用者の創造的活動を喚起するような図書館環境醸成に努めてほしいものである。

●改善のための評価

近年、日本の図書館情報学文献では、図書館パフォーマンス評価に関する論文・報告が目立ち、現場の図書館でも、外部評価を含めた取り組みが始まっている。評価指標の標準化も進み、ISO規格、それを受けたJIS規格も制定されている。ただ、私が疑問を持つのは、何のために評価をするのか目的を明確にして、評価結果を業務・サービスの改善に結びつける仕組みが、各図書館の経営サイクルの中にきちんと位置づけられているのだろうかという点だ。パフォーマンス指標もその観点から選択される必要があり、それは各図書館の経営目的と経営環境の違いに応じて異なってくるはずであり、全国一律の評価はありえないと思う。

千代田図書館については、四つの観点から評価を行ない、最終的には図書館行政担当者がそれらを総合的に判断することにした。さらに、評価のモニタリング的要素を重視し、図書館の業務運営とサービスを常時チェックしながら、問題があればすぐ対応していくことにしている。

評価の第一点は、指定管理者による自主的な評価である。当然、どのような方法で何を対象に評価するかは、指定管理者が選択することになる。評価してほしいことを選ぶのが普通だろうが、何を選ぶか自体のセンス！も評価の対象と考えていい。初年度は前述した、夜間に来館したビジネスパーソンへのインタビュー調査を行ない、利用の動機、図書館サービスへのニーズ、利用パターンなどを分析することによって、図書館側の仮説の検証と今後のサービス改善や新しいサービス標的層選択の参考にできる内容になった。

第二の評価軸は、区の担当者（担当副参事と2名のスタッフ）が行なう日常的な評価である。大きく、①各種利用統計、苦情処理、会計処理、広報等業務実績等、原則として毎月指定管理者から提出されるデータと報告の確認、②随時行なう図書館職員の接客対応観察、職員インタビュー、館内視察等による直接的な検証、の2種類から成る。記録のための評価ではなく、改善のための評価なので、気がついた点があれば、その場で改善策を図書館側と協議したり、改善事項の指示をしたりすることが主眼となるが、年度末にもう一度全体をまとめたものが年度評価の対象になる。

第三の評価軸として、外部評価の視点をとりいれた。そのために図書館専門家、出版等関係者、区民等からなる図書館評議会を設けた。これは図書館法上の図書館協議会のように図書館に設置するのではなく、図書館評価及び図書館サービス改善の参考にするために区側に置く組織とした。数値実績のみによる評価を避け、定性的な分析が必要と考えたので、特に専門家による評価部会を設け、焦点を絞った評価が可能になるようにした。人選でちょっと不十分だったと感じたのは、根本彰東大教授を始めとして国内の図書館関係外部委員会としては最高のメンバーを揃えることができたが、そのために逆に評価の視点が既存の図書館理論やサービス内容が基準となり、千代田図書館がユニークに取り組んだ諸事業が十分評価してもらえなかったことだ。こんなことができた、あんなことができたという加点主義より、ここができていない、あれもできていないという減点主義に陥りやすいのは、日本の組織の通弊だが、図書館界の常識を超えてもう少し冒険的な部分を応援してくれる人が数人必要な気がしている。

最後に数値目標も導入した。ただし、貸出冊数や登録率など、それだけでは無意味な一般的指標ではなく、千代田図書館がその年にめざす重点課題の達成度を測ることのできる指標を、区と図書館（行政と指定管理者）が話し合いながら選択し、その達成数値目標も両者が協議して決定した。それによって両者が図書館の目的を共有することができるからだ。

したがって、この指標は毎年両者が話し合って変更することを原則にしている。おそらくパフォーマンス指標を導入している他の図書館では、いったん決めた指標はなかなか変わっていないのではないだろうか。しかし、毎年何を重点目標として取り組んでいくかを決めることこそ、図書館経営の枢要《すうよう》だとすれば、それに応じて評価指標を毎年見直すことは当然だ。指標とその達成目標値の設定に関しては、一人当たり平均年間貸出冊数10冊を来年は12冊にしようというような、手段が目的化しやすい点に十分気をつける必要がある。ちなみに初年度の千代田図書館は、コンシェルジュ案内件数、研修室利用率、古書店案内サービス件数、夜間来館利用者数、パブリシティ効果等11の指標を採用した。

以上の四つの観点からした評価を、最終的に総合して区としての評価を下すわけだが、そのためには区の担当者にそれだけの見識が求められることは言うまでもない。それを永続的にどう保障していくか、大きな課題だ。

私の知る限り、これだけの内容を伴う公共図書館評価を実施している自治体は全国にないのではないだろうか。その意味で他の自治体図書館も大いに学んで、さらなる改善をしてほしいのだが、残念ながら私の在職中にこの件に関して話を聞きに来た図書館員はいなかった。むしろ行政評価を担当しているコンサル会社の人が興味を持ち、まとめたリポート（西松照生「ＰＤＣＡを意識した指定管理者の評価のあり方について」『自治体チャンネル　１０８号』２００８年４月）を発表してくれたぐらいだ。

●議会の役割

直接的な評価とは関係しないが、地方議会における公共図書館行政及び図書館運営に対するチェック機能（もうひとつ重要な役割として、推進・振興機能があるが、ここでは触れない）の重要性について言及しておきたい。

日本では議会あるいは議員の役割について、ことさら軽視したり、揶揄したりする風潮が目立つが、私が千代田区で経験した限りでは、極めて重要な役割を担っていることを実感した。たまたま図書館に熱心な、あるいは神保町界隈選出の議員がいて、応援していただいたこともあるが、その一方で様々な注文・苦言をいただくこともあった。蔵書数の少なさや指定管理者導入にあたっては、常任委員会の議事すべてをその是非を巡る論議で終始したこともあったが、議員の質問とそれに対する自分の答弁を通じて、問題のありかを探り、改善の手がかりを得ることができた。予算審議や決算の総括審議でもたびたび図書館は取り上げられた。それだけ注目していただいたということで大変ありがたいことだ。

　こうした機会に様々な（与党・野党の党派的あるいは個人的な）立場から受けた質問、意見、指摘は、必ずしも内容的には同意できなかったり、そのとおりだと思いながら実際の改善に結びつけることができたことも、できなかったこともあるが、すべて参考になる貴重な意見だった。特に千代田図書館の場合、利用者と言っても実は区民はその4分の1程度を占めるに過ぎず、利用していないが図書館の運営経費を負担していただいている区民全体の意見を代表する各議員の発言内容は、図書館の貴重な経営資源となるものである。これは私の偽らざる気持ちであり、もし議会で図書館があまり取り上げられない自治体があるとすれば、それは議員の問題ではなく、図書館側の問題ではないだろうか。

　在任中には手つかずのままで気になっていることに、議員に対する情報サービスがある。これは公共図書館が担うべき非常に重要な機能だと思っていた。千代田区の場合、議員の数は25人しかいない。議員毎の課題・関心ファイルをつくって、SDI（Selective Dissemination of Information：情報の選択的配信）サービスを行なうぐらいのことは十分可能だと思う。今後の展開を期待したい。

1　「想（IMAGINE）検索」▼インターネット上で公開されているので、一般に利用可能である。http://imagine.bookmap.info/
2　内田嘉吉文庫▼明治～大正期の官僚内田嘉吉の蔵書、約1万6000冊を所蔵。内田嘉吉は逓信省時代に海事に関する法律の整備に努め、台湾総督も務めた。蔵書は西洋から東洋への旅行記など、海洋交通関係の外国語図書を多数含んでいる。

3 **内務省検閲本**▼千代田図書館によるプレスリリース http://www.library.chiyoda.tokyo.jp/press/pdf/080124_1.pdf 参照。

4 **神田雑学大学**▼異業種交流、生涯学習等を目的に、多様な専門家・趣味人が集まるＮＰＯ。http://www.kanda-zatsugaku.com/ 参照。

5 **図書館における広報の意義**▼柳与志大『図書館経営論』学文社、２００８年、pp.119-122 参照。

第2章● リニューアルオープンへの道のり

本章では、私の千代田図書館長着任から千代田区役所離任までを五つの時期に分け、そこで直面した問題を通じて学んだこと（失敗も含めて）を紹介することで、これからの公共図書館を考えるための参考になるようにしたい。

着任時（2004年9月）の千代田図書館

千代田区への出向が決まるまで、千代田図書館があることさえ意識したことがなかった。千代田区の昼間区民を20年以上やっていたにもかかわらず、である。行くことが決まって大慌てで千代田図書館のデータを『日本の図書館』などで見てみた。蔵書数や貸出冊数が多いからと言って、それだけでいい図書館だとは私は思っていないが、それにしても低い数字が並んでいる。その後、新図書館の予算額決定のための区長を前にした会議で、この予算を認めてもらえれば、23区下からトップを上からトップの図書館にします、と柄にもない大見得を切ってしまったのも、ここが原点だった。

旧千代田図書館は千代田区旧庁舎に隣接した（文字どおりつながっていた）4階建ての古い建物だった。旧庁舎の建て替えに合わせ、この図書館を移転し、新庁舎内にリニューアルオープンさせるのが、私に課せられた重要課題のひとつであった▼1。旧館4階の図書館事務室から、牛ガ淵に臨む北の丸公園の桜を独占的に見ることができるのは特権だった。私が所管するのは、区立図書館本館の千代田図書館と地区館の四番町図書館、神田地区にある昌平・神田の両まちかど図書館（蔵書数2〜3万冊の分館扱いで、複合施設の一部）、それに文化財担当として四番町図書館に併設された歴史民俗資料館があった。

●職員問題

時々資料館に行くのを別にすれば、千代田図書館の事務室が私の普段の居場所だった。職場の雰囲気は悪くなかった。区の常勤職員、司書資格をもつ非常勤職員、再任用と再雇用の職員（その違いが最初はよくわからなかった）、アルバイト職員の5種類、翌年度からはカウンター業務の委託を始めたため、委託職員がそれに加わり、大変複雑な編成になっていた。当初は5種類の職員が混じって図書や雑誌のチームがつくられていて、和気藹々《あいあい》に仕事をしている感じだった。常勤職員は真面目に仕事をしていたが、半数は現業職からの配置転換、残りの事務職出身の人も新しい図書館の企画や新規サービスの開発に向いているようには到底思えなかった。それどころか図書館業務の常識的なこと（図書館情報学の概論1冊を読めばわかりそうなこと）もほとんど知らないレベルである。結局現場で相談できるのは、わが道を行くという感じがあるが、必要な法規整備や指定管理者選定など事務的職務については指示しなくてもやるべきことをテキパキやってくれた課長補佐（総括係長）一人だった。ただ、彼も図書館業務に特に愛着があるわけでも知識が深いわけでもなく、新図書館構想やサービスのあり方を考えるにあたって、私の支えになってもらうことは期待できなかった。率直なところ、開館までの2年9か月、最後まで悩まされ続けたのが私のスタッフとなる人材の不足（人数の問題ではない！）だった。文献で知っていた、司書職制をとっていない、一般職公務員の異動で運営されている公立図書館の最大の問題点を肌身で感じさせられた。そして、こうした常勤職員だけでは図書館業務が回らないため採用されていた、司書資格をもつ非常勤職員もあまり頼りにはならなかった。

確かに彼・彼女らの待遇は悪かった。近年話題になっている官製ワーキングプアそのものである。区の非常勤職員の待遇が一律に規定されている限り、その対策を図書館単独で行なうことは不可能だった。しかし、それにしても……、である。私は資料館も所管していたため、部下には学芸職の正規職員と非常勤職員がいた。ほぼ同じような待遇の非常勤の司書と学芸員を比較すると、専門性、学習意欲、仕事への熱意など、その差は歴然だった。司書資格は、本来の司書になるための出発点にすぎず、職務と学習・研究を通じて専門性は身に付いていくはずのものだ。それにしては千代田図書館の非常勤職員は、一人を除いて勉強をしなさすぎだった。図書館業務・サービスへの関心度が低く、私が図書館界で話題のトピックを口に出しても、ほとんど反応が返ってこない。基本的な主題知識・教養にも欠けていた。学芸員との大きな違いだ。正直言ってそもそも何をしたくて司書資格をとり、安い給与で図書館に勤めているのか私にはわからなかった。読み聞かせやブックスタートなど、限定された子どもへの直接サービス（これを児童サービスというには矮小化しすぎだろう）だけには熱心だった。学芸員の場合、司書に比べて利用者サービスの視点が欠けがちであるという問題はあるものの、それは訓練と意識改革でなんとかなりそうだ。専門職員をすべて学芸員資格者で充てる公共図書館が出てきてもいいかもしれない。

私が見る限り、一番仕事熱心で、業務改善意欲があるのは、委託職員の中心メンバーたちだったが、私は指導できる立場にはなかった。

せめて二人でいいから、国会図書館からスタッフを連れてくることができたら、新図書館におけるサービスの企画や新書マップ導入ももっときちんと対応できるはずなのに、と何度思ったことか。実現していれば、第3章であげる「できなかったこと」のリストも半分ぐらいになったかもしれない。こうした職員問題での苦労が、区立図書館への指定管理者制度導入の決定的要因になったような気がする。

●行政における図書館の地位

知識としては知っていたが、区における図書館の地位はやはり低かった。行政組織のちょっとした番外地という趣《おもむき》だ。区の行政がどういう方向で進んでいるか、何が今年の重点施策か、などとは無関係に、区民等に黙々と本を貸し出す場所だった。新図書館開館に向けて、少しずつ存在感を示さないとまずいなと感じていた。

教育委員会と教育長の主宰する事務局の課長会に出席できたのは、いい経験だった。千代田区の教育環境は、一般の自治体に比べるとかなり特殊だったかもしれないが、学校や地域で起こる様々な問題は、モンスターペアレンツやいじめなど、やはり世相を反映していたのだろう。学校の安全・安心対策や小学校での英語教育導入など、国や都で決めたことにいちいち対応を迫られる学校現場が気の毒だった。その点、図書館にはほとんど何も「降ってこない」のはありがたかったが、逆の見方をすれば、社会的にあまり期待も、注目もされていないことの裏返しであった。普通の公務員にとって公共図書館とは、おとなしくまじめに勤めていれば大過なく過ごせるいい職場なのかもしれない。バリバリ仕事をしたい公務員が配置される場所ではなかった。

●利用者と図書館資料の特徴

館長の私が一般のサービス窓口に立つことはなかったが、トラブルが起きると、普通は二人いる係長のどちらか、それでも治まらないときに私が呼び出された。一般にクレームは、業務の見直しやサービス開発の貴重な情報を与えてくれる機会と言われる。確かに利用者の言い分がもっともで、それに基づいて業務手続きを修正したこともあるが、大半はあまりに自己中心的な一方的な主張が多かった。しかもそういう人たちには、税金で図書館を支えてくれている区民はほとんどなく、昼間区民（在勤・在学者）でさえない人も少なくなかった。

図書館利用者の大半は、開架の近刊書籍・雑誌を借りるか、閲覧室で自分が持ち込んだ資料を読んだり、勉強したり、という感じだった。そういうサービスしかしていないのだから当然と言えば当然の利用方法だろう。

図書館の開架資料は、古い資料が多かった。古くて貴重というわけではなく、単に古びた資料である。魅力ある書架とは言い難かった。一方、閉架書庫には、戦前の面白そうな資料がいっぱい並んでいたが、普通の公共図書館でこういう資料をどう使ってもらえるか、ちょっとわからなかったというのが最初の正直な感想だ。内田文庫、反町コレクション、火災保険図など多くの貴重な資料が目録等未整備なままになっており、新図書館移転までに使える状態にする必要があった。

改革に向けての検討と指定管理者制度導入の決断

着任時には、施設整備の都合上すでに図書館の大まかなレイアウトは決まっていて、その枠内で図書館業務・サービスの方向性と内容を検討しなければならなかった。論理的には作業の順番は逆転しているが、それを言っても始まらない。その条件下で考えるしかなかったが、新しいサービスの内容が決まる前に、同時並行でフロアの配線や書架配置、子ども室内のレイアウトなどサービスに直結した設備設計を考えるのはつらかった。その代わり、図書館の基本方針や具体的な業務・サービス内容は、幾つかのコンセプト（神保町古書店街や国立情報学研究所との連携等）が決まっているだけで、ほとんど白紙状態で考えてもいいというのは、自分のアイディアを実現できるという意味でありがたかった。

●着任前に決まっていたこと

旧千代田図書館に多くの人が不満をもっていたが、石川区長のように、現在の公共図書館のあり方そのものに疑問をもつというレベルから、もうちょっと施設も本もきれいになればというレベルまで、どの方向で改善すべきかについての意見は人それぞれだった。区議会では、フロア面積から判断した新図書館の開架冊数の少なさが問題になっていた。それらの指摘を受けた千代田図書館内での検討はほとんどなかったようだ。

新千代田図書館の立地条件を生かして、国立情報学研究所（National Institute of Informatics／以下NIIと略）や出版・流通関係者との連携がめざされていたのは確かだ。着任の前年度に、すでに新図書館のニーズに関する調査がNIIに委嘱され、その報告書がまとまっていた。調査チームには、図書館情報学会との関係でおなじみの薬袋《みない》秀樹教授や根岸正光教授に混じって、それまで面識のない新書マップの高野明彦教授も入っていた。報告書は、民間のシンクタンクに丸投げ委託した国や自治体の報告書を見なれた目には新鮮で、多少情報通信技術に重点がおかれ過ぎている印象はあったが、概ね納得のいく内容だった。

私の図書文化財課長・千代田図書館長就任（2004年9月）の直前に、新図書館の基本構想を検討するための外部関係者・有識者から成る検討会（新千代田図書館運営等検討会、2004年8月～2005年5月）が立ちあがり、すでに第1回の会合が開かれていた。したがって、検討メンバーの人選に私が関与することはなかったが、古書店、出版、書店関係者が4名、NIIから高野教授と辻助手の2名というように、連携を意識した人選となっていた。肝腎の公共図書館関係の専門家がいなかったが、それがかえって「公共図書館はこうでなければならない」という既成概念の枠にとらわれずに議論することにつながった。第1回の会合は検討メンバーの顔合わせが中心で、実質的な論議は、第2回以降、私が主導して行なうことができた。

図書館への指定管理者制度導入については、千代田区の基本方針として、区の施設すべてに適用することにはなっていたが、具体的な検討はまだ何もされていなかった。私個人はまったくの白紙状態で、どちらかと言えば図書館には向かないのではないかと思っていたが、外部の専門家を入れた検討組織をきちんと作り、その意見を参考にして決めるつもりでいた。

●新千代田図書館基本構想策定と指定管理者導入の決断

運営等検討会での各委員の発言はとても活発で、聞かれれば答えるという態度ではなく、積極的に構想づくりに貢献しようという感じだった。その中でNIIの高野教授は、情報工学の専門家ということもあり、運営面でのご意見に最初はあまり期待していなかったのだが、専門の情報システム分野だけでなく、サービス・運営についても大変適切なコメントがあり、驚いた。その後高野教授には、新書マップの導入を始め、様々な相談に乗っていただくことになる。各委員の貴重な意見を参考に、また個別に識者・関係者から意見を伺う機会をつくりながら、「新千代田図書館基本構想」を2005年7月にまとめた。草稿は私がほとんどそのすべてを書くことになったが、図書館の職員にも執筆材料となる特定テーマについて検討課題を与え、構想づくりに貢献してもらうことができた。

基本構想には、その後新図書館で実現する諸サービスのアイディアをほぼすべて提示することができたと思う。例えば、構想「第3章　新図書館におけるサービス」の「1　基本的図書館サービス　(1)閲覧、貸出等一般的利用サービスの向上」の一項目にある「フロアにおける利用案内サービスを実施する」が、図書館コンシェルジュという形で結実した。もちろんそこで考えたことすべてが実現したわけではなく、「従来の主題別に加えて、社会問題・時事に合わせた特集別の書架配置を柔軟に行なう」のように、まだ実施が今後の課題になっているものも少なくない。

基本構想の検討と同時並行して、指定管理者制度導入の是非を決定する参考にするために、研究者、図書館関係NPO、東京都23区の現役図書館長などの外部関係者・有識者に参加をお願いして、「区立図書館における指定管理者制度導入に関する研究会」を2005年2月に発足させた。研究会名を新千代田図書館とせず、「区立図書館」としたのは、ここでの検討結果を千代田図書館のためだけではなく、図書館界で大きな話題となりつつあった図書館への指定管理者制度適用について、その基本的な課題を整理し、今後の他自治体での論議の参考になるようにしたいという意気込みがあったからである。

研究会の論議は大変有益だった。制度上の理論的問題も論議されたが、公共図書館現場の厳しい現実が具体的に示され、そういう現実を踏まえて、どのような実際的対応が可能なのか、きれいごとでない率直な意見が飛び交った。ここでの論議をきちんとまとめて出版しないかというお申し出をある出版社からいただき、そしてそれは当研究会発足の趣旨にも適うことだったのだが、まとめる立場の私が、新図書館実現に向けて佳境に入っていたこともあり、編集者の確保ができないまま、幻の企画になってしまった。もうひとつ、論議の内容が人やお金に関してあまりに率直だったため、そのまま掲載するわけにはいかず、構成上・表現上かなり手を加える必要がありそうだったこともその理由である。

半年以上にわたる研究会での論議を通じて、当初は消極的だった私の考えは変化し、少なくとも千代田区立図書館については、このままの直営（かなりの部分を業務委託が占めていたが）よりも、指定管理者制度を導入することのメリットが大きいと判断するに至ったのである。

直営でも結局同じことだが、指定管理者で図書館を運営する場合、その運営内容と成果の評価が重要だ。そこで研究会での検討に合わせて、図書館のパフォーマンス評価指標設定をどうするかを考える参考にするため、委託調査を行なった。委託先は、おざなりの調査にならないように一般的なコンサルティング・調査会社ではなく、図書館に関心のある調査担当者がいる会社をわざわざ選んだのだが、結果は期待した水準には達していなかった。図書館業務・サービスに関する理解が不十分で、一般論の域を脱していなかった。全国的にはまだ新図書館建設を計画している自治体は少なくない。その基礎的調査や相談にのってくれる図書館専門のコンサルティング会社があってもよさそうなのだが……。

指定管理者研究会は審議会ではないので、千代田区立図書館はこうすべき、という結論を出すものではなかった。そこで、研究会の論議と各種経営環境要因を勘案して私が最終的にまとめたのが、「新千代田図書館における指定管理者制度導入について（報告）」（2005年11月）であり、教育委員会、区議会常任委員会等で次々と報告・承認を受ける必要があった。特に区議会では、指定管理者制度導入に真っ向から反対する立場の議員がいて、最後まで意見が一致することはなかったが、原則賛成の与党議員や是々非々の立場にある議員の意見・改善要望を含めて、議員の意見で参考にならないものはなかった。

一般に図書館職員は議員や他部門の行政職員との接触・交渉を忌避する傾向があると言われる。確かに千代田区役所でも、管理職者の重要な職務である議員対応がいやで、管理職試験を受けない優秀な職員が少なくないと言われていた。その点、私は議員対応が苦にならなかった。また議員のほうでも、国会図書館から期限付きで来ているということで、遠慮してくれたこともあったように思う（前述のように反対派にはそうでない方もいたが）。区長や助役（副区長）が何かとかばってくれたこともあったはずだ。ただ、中から上がってきた管理職ではやりにくいことを、外から来たということでやってしまうことを期待された部分があるかもしれない。

基本計画の決定と指定管理者の決定

新千代田図書館の計画作りと指定管理者の導入は、私が当初から意図したものではなかったが、結果的には表裏一体のものとして進んでいくことになった。また、これも最初から意識的に行なったわけではないが、両方ともいわばホップ、ステップ、ジャンプの三段階で進展することになった。

新図書館の計画については、「新千代田図書館の整備に関する素案」（2004年5月、これには私は関与していない）、「新千代田図書館基本構想」（2005年7月）、「千代田区立図書館整備基本計画」（2006年2月）であり、指定管理者導入に関しては、「区立図書館における指定管理者制度導入に関する研究会」の設置（2005年2月）、「新千代田図書館における指定管理者制度導入について（報告）」のとりまとめ（2005年11月）、区立図書館への指定管理者制度導入を柱とする千代田区立図書館条例の制定（2006年6月）だった。当初別々の流れだった両者は、基本計画の段階で、指定管理者制度の導入を前提とする区立図書館運営が基本方針となり、条例制定によってそれが公式のものになった。

私は指定管理者導入を決めた以上、研究会で論議したメリットを最大限生かすべく、指定管理者による創意工夫と専門スタッフの確保を最大の目標とし、基本計画に基づく具体的な図書館運営・サービス方針は、あまり事前に固め過ぎないようにした。指定管理者との協議を通じて、一つひとつ内容を決めていこうと考えたのである。それが、当時の、そして現在も大半の自治体で行なわれている、安上がりだけを目的とする見せかけの指定管理者制度へのアンチテーゼとなるはずだった。従って、その後の大きなクリティカル・ポイントは、私の良いカウンターパートたるべき指定管理者が選定できるか否かにあった。

●千代田区立図書館基本計画の策定

基本構想から基本計画へのヴァージョンアップは、それまでの議会等利害関係者（ステークホールダー）における様々な論議や有識者等との個別の意見交換を参考に、私がすべて一人で書き上げた。その点で、「衆知を集める?」ことによって総花的となり、何を目標としているのかわからない平均的図書館とは異なり、基本的な理念の定立と運営・サービス方針の首尾一貫性は保たれたはずだ。

天動説から地動説へ（図書館本位の自己完結的運営・サービスではなく、知識世界の一員としてゲートウェイ機能を担う）、閉鎖系から開放系へ（自館蔵書にとどまらず内外の情報資源を活用する）、段階的発展モデルから多元的並存モデルへ（貸出サービスの充実が何より優先ではなく、各種サービスを複合的に展開する）の三つのコンセプトを軸に、これまでの郊外型や情報消費型図書館ではなく、新しい都心型・知識創造型図書館モデルをつくることが、その基本理念であり、それに沿った図書館運営・サービスのデザインを行なったつもりである。千代田図書館のめざす方向性は、私としては明確なものになっていたが、基本計画づくりで二つ困ったことがあった。ひとつは、既述の新書マップを含めた新しい情報システムの機能デザインが不十分だったことだが、もうひとつは図書館行政に関わる基本的な問題だった。

その問題とは、新千代田図書館構想の前提となる、区全体の図書館整備構想がなかったことである。本来理論的には後者があって初めて、その要素となる中央館のあり方が決まってくるはずだが、そのような検討は私の着任前には一切行なわれていなかった。着任後の私にとっては新図書館構想をまとめるのが精一杯で、全体の整備構想を検討する場を新たに設ける時間的余裕はなかった。基本計画を首脳会議▼2に提示するにあたって、全体構想なしで済ますことはできないが、さすがに何の検討もしていないことを私一人で勝手にあれこれ書いてしまうわけにもいかず、基本計画案では新図書館構想を述べた後で、今後の区全体の整備の方向性について簡単に触れるという形式をとった。事前説明で新図書館構想には理解をいただいていた区長だったが、さすがにその場ではダメ出しが出てしまった。会議終了後、どう組み立てなおそうかと考えていた私を尻目に、翌日課長補佐が再構成してみました、と原案の新図書館構想と区全体の整備方針の順番をほとんど入れ替えただけの（もちろん、それで整合性が取れるように必要な修正はしてくれたうえで）修正案をつくってくれていた。開館までの準備期間中、このように彼は私をよく補佐してくれていたと思う。結局、それに私が多少手を加えた修正案を次の首脳会議に提出し、区長のOKが出た次第である。当然ながらその前に教育委員会で審議し、承認をいただいたうえでのことである。もう決めなければならない、というときになったら、担当者は堂々として迷ってはならない、そうしないと上の人が困ってしまうというのが教訓だった。

こうして新千代田図書館の基本計画は定まった。次はその具現化である。

基本計画づくり以外に、新図書館開館を見越して、それを側面から支える装置を幾つか用意していた。そのひとつが前述の千代田区読書活動推進計画の策定である。一般的には同じ教育委員会事務局でも学校教育部門が策定の中心になる場合が多いが、図書文化財課（千代田区立図書館を所管）で主導的にまとめたようとしたのは、世界最大の出版関連機関集積地である千代田区の読書活動振興▼3において、新図書館が中心的役割を果たすことが重要な任務であると考えたからだ。開館2年目には千代田図書館内の一組織として、読書振興センターも設置した。子どもへの読み聞かせというような館内での限られた時間・スペース・対象者ではなく、区内全域を対象として読書振興活動を行なっていくという姿勢を示すものだった。

また、無料貸本屋イメージが際立ち、出版界と対立的に捉えられがちだった公共図書館を、出版界の一員として位置づけ、連携・協力を行なっていくことが、新千代田図書館の大きな使命であると考え、そのための推進装置のひとつとして出版アドバイザー会議を設置し、メンバーには出版学・図書館情報学研究者、古書店主、出版情報関係者など5人の外部有識者・関係者の方にお願いした。すでに蔵書となっている反町コレクションや関係者から寄贈の申し出がある出版関連コレクションの形成や出版界との連携についての助言と関係者とのつながりをもつためである。

こうした活動を通じて外部の多様な経歴を持つ見識ある方々と知り合えたことは、私にとって大変貴重な財産になった。

●指定管理者の選定

平成18年第2回定例区議会で、区立図書館への指定管理者制度導入を柱とする千代田区立図書館条例を提出し、条例は成立した。

千代田区議会は25名の定員で、自民党・公明党の与党が過半数を占めていた。その意味では、条例制定など政策実施の担保はあるわけだが、条例審議のための常任委員会では、反対の立場に立つ議員と私との間で一対一対決のような質疑応答が続いた。その間、二、三の与党議員からは助け舟的な発言もあった。批判発言を含めて、指定管理者導入に関わる諸問題を明らかにするという意味で、意義のある委員会審議だったと思う。この条例審議に限らず、執行部門が提示する議案や施策に賛成するにせよ反対するにせよ、きちんと論議をしてくれる議員の存在の重要性を千代田区で実感できたことは貴重な体験だった。文化財関係を含めて、その後も私は委員会での報告と質疑応答を何度も経験することになった。

条例が成立すれば、次はそれに基づく指定管理者の選定である。基本計画に盛られた業務・サービスを具現化し、利用者に評価されるものになるのか、それとも絵に描いた餅に終わってしまうのか、その成否の大半はどのような指定管理者が選ばれるかにかかっていた。

2006年7月、基本計画に基づいて作成した業務要求水準書を提示して、指定管理者の公募を行なった。それに先立つ6月には、区の条例に従って選定委員会を設置し、5人の委員を委嘱した（二人が区職員、三人は外部の人で、学識経験者、公認会計士、区民の各一人）。規定により、所掌する私は委員にはなれず、事務局の役割だ。私が望むような事業者を選んでくれるかどうか、不安だった。そもそも選ぶにふさわしいだけの提案をしてくれる応募者があるか否かも確証はなかった。

結局、五つの事業者から応募があり、そのうち四者は共同事業体だった。単独の一社では、基本計画で規定したサービスの展開は、人材的にも、ノウハウの面でもかなり難しいと考えていたので、望ましい結果となった。選考は、提案書、財務調書等による書類選考とプレゼンテーション・質疑応答の二本立てで、事前に配点の決まっている様々な観点から成る項目の総合点と委員の論議による総合的判断で決めることになっていた。「安さ」の勝負にならないよう、絶対額の多寡は評価の対象とせず、サービスとコストの費用対効果が評価項目になっていた。これは千代田区だけでなく、全国の自治体の指定管理者選定でも異例のことだったかもしれない。さすがに選定後にそれを知った区長にあきれられてしまった。

すべての委員から最下位をつけられた一者を除き、残りの四者は総合点がきれいな比例直線の分布になり、その点数差も等間隔に近かった。提案内容では、第一位応募者の新奇性、第二位応募者の堅実性という特徴がはっきりしていて、結局新しい公共図書館モデルをつくるという新図書館の理念を尊重して、点数どおり第一位の総合点を得たヴィアックス・SPSグループが指定管理者候補となった。「候補」としたのは、指定管理者の決定は、議会の議決を得ることが義務づけられており、選定委員会ではあくまで議会に提案する候補者を選ぶことまでが任務だったからである。

私としては、提案書の内容が一番面白く、私の趣旨を最もよく理解しているようにみえた同グループに決まったことで、一安心だった。ただ気になったのは、その同じ提案書の中で、ひどく従来的で「古風な」図書館サービスの提示と、第1章で紹介した五つの目新しいコンセプトに整理され、図書館コンシェルジュのような斬新なサービスを提案している部分との奇妙な並存だった。それがＶｘとＳＶとの社風を表していたことは、あとでわかったことである。

９月の第３回定例区議会で、ヴィアックス・ＳＰＳは正式に区立図書館の指定管理者に指名された。２００７年５月の新図書館開館までには、わずか7か月しかなかった。しかも、正式の契約によって要員配置や準備作業ができるのは4月からであり、それまでに提案されたサービスの具体化や業務体制の確定、旧図書館からの移転計画作りなど、やることは山のようにあった。何より契約金額が決まっていなかった。事業内容を固めて、必要な経費を財政部門に要求する期限が迫っていた。

●財政部門との交渉

予算編成担当者が、各部門から上がってくる予算要求すべてに対していい顔をすることができないことは当然だ。私も国会図書館の予算編成を3年間担当し、各部局からの予算要求を査定したうえで図書館全体の予算案を8月末までにまとめ、今度は立場が逆転して主計局の査定を受けるための交渉を9～12月の３か月間延々と行なっていた経験がある▼4。地方自治体の財政部門が国と異なるのは、自分たちを査定する財務省のような存在がなく、省庁の官房会計課と財務省主計局の役割の両方を担うことだろう。それだけ権限が大きいということになる。

施設建設や時限的事業の場合は、一時的には大きな経費が必要となるが、それが終われば他の事業に予算を回せる。しかし図書館の場合は、一度設置すると運営経費を恒常的に計上しなければならず、予算編成上の硬直化の要因となるので、一般的にはこの種の予算は厳しく査定するのが原則だ。米国のように、財政状況によっては開館時間の半減や職員のレイオフも辞さなかったり、廃止してしまう場合もある経営方式と異なり、日本の場合、いったん設置した施設の規模を縮小したり、廃止したりするのは極めて例外的で、社会的抵抗も大きい。新図書館にあまり予算をつけてしまうと後が大変だと財政課が考えるのは職務上当然のことではあった。

それにしても、やはり千代田区の財政課による指定管理料（区立図書館予算）の初年度予算査定はひどかった、というかお粗末だったと思う。最終的に区長の判断で、予算が私の希望する範囲で決まったことは前述のとおりだが、そこまで行く前にある程度の線を出すべきだった。財政課とこちらの希望額との乖離があまりにも大きく、交渉あるいは妥協の余地がなかった。合規性や合理性、効率性のチェックは当然だが、重要度に対する政策的判断ができなければ、財政部門にそれなりに区の優秀な人材を集めている（はずの）意味はない。しかし、図書館予算担当者も課長も、以前は公務員でやっていた図書館を委託（指定管理）に出せば安くなるはずだ、としか思っていないような査定金額に固執していた。新庁舎における目玉の施設として、まったく新しいコンセプトと多彩なサービスを展開しようとしていることを理解しようとしなかった。担当者の不勉強ぶりにもあきれてしまうことばかりだった。

このことは多分、今考えてみると、財政課スタッフだけの問題ではなく、それまでの千代田図書館の状況を含む公共図書館に対する幹部職員・一般職員の考え、感情、態度を反映したものだったような気がする。図書館というものへの行政におけるこれまでの評価が、住民から文句を言われない程度に本を揃えて貸していれば十分で、全面委託で人件費もできる限り安く抑えられればいい、ということではなかったのだろうか。千代田区の場合、石川区長や高山区議会議長（当時）のような図書館への深い理解者がいたという僥倖《ぎょうこう》があったが、図書館側も議員や区の職員に図書館の価値や効用を理解し、体験してもらえる努力（具体的なサービスの開発）を不断にしていく必要がある。さもなければ、図書館だけが特別待遇されているのではないかという庁内の反感が今後噴き出すこともあるかもしれない。

開館準備

●指定管理料の決定と指定管理者との協議

千代田区立図書館指定管理料の決定は、他の予算が2006年12月末までに決定したにもかかわらず、年越しとなり、最終的には区長裁定となった。3億6000万円、これに区立小学校、保育園等への司書派遣費用（新規予算）が指定管理者への委託費として追加された。直営時の当年度予算が予算書上は3億2000万円なので、表面的には増額であるが、図書館に限らず、区の事業経費は、民間企業であれば人件費として合算されるべきものが他の予算項目に分散していたりするため▼5、おそらく実質的にはそれほど総額は変わっていないのではないかと思う。それでも区全体で四百数十億円の一般会計予算規模からすれば、図書館を重視してもらったことは確かだが、その後の図書館サービスの質・量両面での飛躍的向上や社会的評価を通じて区全体のブランド力を高めたことを考えれば、新しい千代田図書館は、極めて高い費用対効果があったと言えるだろう。マスメディアでの露出量を宣伝費で換算すれば、十分元が取れたのではないだろうか。利用者への直接的便益だけではなく、仮に千代田図書館を利用しない区民であっても、区民として誇りに思う施設があることは大事なことだと区長が言ってくれたことが耳に残っている。

こうして決定した図書館予算の範囲で、どのように新しいサービスを組み立て、必要な要員を確保するか、指定管理者との協議を急がなければならなかった。4月の指定管理者への業務移行まで3か月しかなかった。

限られた時間の中ではあったが、私と菅谷GMが中心になってサービスメニューとその内容について次々と固めていった。有料サービスの導入のように、当初意図しながら時間的に詰め切れず、開館時の実施をあきらめたサービスも少なくない。移行のための準備時間の確保は、図書館のようなサービス主体の指定管理の際の大きな課題だ。特に新千代田図書館の場合、蔵書の移転・再配置という膨大な物理的作業に加えて、従来のサービスを引き継ぐより新規サービス開発の比重がはるかに大きかったため、大変な事務量となった。その期間の事業者側にかかる経費（人件費等）は、指定管理期間に含まれないため、事業者の「好意」

によるというのも奇妙な話だ。制度面で今後の改善が必要だと痛切に感じた。

指定管理者との共同作業と並んで、区として行なわなければならない準備作業も少なかった。事業者との契約書の作成も手間のかかる作業だったが、これは課長補佐らが中心になってこなしてくれた。図書館システムの移行準備（これも新書マップという新しいシステムが加わっていた）については、区側に適切な担当者を配置することができなかったことも起因して十分な対応ができず、開館前に大慌てで何とか帳尻を合わせることになった。それが後の新書マップをめぐる様々なトラブルの遠因となったことは確かである。

●3社のきしみ

特色のある3社に共同事業体を組んでもらったことには、それぞれの強みを発揮してもらうというメリットと同時に、利害関係や組織文化の違いなど、3社間の調整コストというデメリットがあることは最初から覚悟していた。しかしVxとSVの肌合いの違いは想像以上だった。また、両社の私の構想に対する理解度にも雲泥の差があった。

Vxの担当責任者の方々にはなかなか新図書館の基本的な理念を理解してもらえなかった。これまで委託を受けてきた公共図書館でやってきたことを同じようにきちんとやっていけばいいというのが基本の考えのようだった。従来の公共図書館のあり方を根本的に見直し、新しい理念に基づいて運営していく新千代田図書館というコンセプトにすぐに馴染めなかったのは無理もないかもしれない。それは彼らの責任というより、何の理念もなく、カウンター「作業」を安上がりに済ませるために委託している自治体担当者の意向に沿って、ビジネスモデルを適合させてきただけだからだ。しかし、千代田図書館は違うのだ、ということをなかなか本気で信じてくれなかったように思う。委託業務と異なり、指定管理は自分でサービスのあり方も考える必要があるということも彼らの理解を超えていたようだ。それを最初に痛感したのは、Ｖｘが副館長（総務部門の長）とサービス部門の長にしたいという候補者を面接したときだ。自信をもって推薦された候補者は、自治体側の指示を間違いなく仕様書に合わせて遂行する委託業務の責任者としては悪い方ではなかった。しかし新しい図書館業務とサービスを日々開発していくための人材ではなかった。私はすぐ不同意を伝えた。一事が万事である。

私はＶｘを批判したいわけではなく、それほどに新千代田図書館は従来の図書館とは違ったものをめざしていたということである。Ｖｘが担当した図書館サービス部門の常勤職員（司書）は、浦安など評価されている公共図書館のスタッフに負けない経験、知識、意欲のある人を揃えてくれたと思う。しかしそれは従来の公共図書館の枠組みの中で、という限定つきだった。私の求めている方向性に自分たちの考え・習慣を合わせるために、かなりのストレスを彼らに負わせてしまったように思う。

ＳＶの方は、話が早かった。推薦の館長及びシステム・企画部門の長も私の言うことはすぐ理解してくれた。むしろ私以上に大胆な案を提示されたこともあった。

何事も中立的な感じのＳＰＳは別として、ＶｘとＳＶの組織文化の違いは融合することなく、ことあるごとに表面化し、そのため私が関与することも少なくなかった。ただ誤解しないでほしいのは、だから共同事業体はだめだということではなく、それなりの手間とリスクをきちんと認識する必要があるということだ。新千代田図書館も、もしどちらかの1社だけなら成立しなかったことは確かである。そうしたリスクテイキングを恐れて、指定管理に名を借りた、図書館業務委託を専門とする1社へのただの全面委託に逃げ込むのだけは避けなければならない。

●パブリシティの重視

新図書館の開館準備作業そのもの以外で重視したのがPRである。指定管理料にその予算枠もある程度確保した。主要な経営機能の中で、このPR（あるいはそれを言い換えた？広報）ほど一般の誤解・理解不足が続いている概念も珍しい。ある組織（企業や役所）から利用者に提供する製品、サービス、事業等についての一方的なお知らせや宣伝というのが、ほとんどの人の理解ではないだろうか。

本来のPRの意義はまったく異なる。営利・非営利を問わず、ある組織の外部及び内部経営環境を構成する利害関係者（ステークホルダー）を対象として、相互の情報・知識の交換を通じた良好な関係を維持することによって、経営環境全体の改善を図り、他の経営機能の十全な活動を支援する基本的な経営機能がPRである。そこには組織のトップマネジメントに対する助言機能も含まれる。その主要手段として、宣伝（広告）、パブリシティ、人的接触、プロモーション活動、広聴などがある▼6。ＰＲ＝宣伝という理解は、経営機能とその手段を混同していることになる。私はこのように理解して、新千代田図書館のＰＲに取り組んだ。それはけっして開館準備の「ついでに」行なうような作業ではなく、新図書館の成否を左右する本質的業務である。そして庁内でそれを理解していたのは残念ながら石川区長ただ一人だった。しかし逆の見方をすれば、ＰＲで中心的役割を担ってもらう必要がある区長が理解者であったことは、大変幸運なことだったのかもしれない。

　指定管理者応募時の業務要求水準書において、広報（正確に理解してもらえる確信がなかったので、「ＰＲ」の用語はあえて使わなかった）の重視を明確に謳《うた》っていたが、提案書でそれに一番応えていたのがヴィアックス・ＳＰＳグループだった。その中では、実績のあるＳＰＳが広報の担当となった。しかも私の予想に（いい意味で）反して、２名も担当者を配置してくれることになった。

　指定管理者決定以前にも、機会を見つけてＰＲ活動を私は続けていたが、本格的に取り組めるようになったのは、やはり担当者が配置されてからだった。千代田図書館リニューアルオープンの２００７年５月７日に照準を合わせて、ＳＰＳの担当者が作った原案をもとに開館日を軸にした前後３か月程度の広報計画を練ることになった。そこには私が以前からやってみたいと思っていた地下鉄車内広告も含まれていた。

　早めにパブリシティに取り組み、開館前１週間程度から宣伝（広告）に重点を移す、開館日前後はイベントを中心に、というのが基本的な戦略だった。主要関係者に個別に新図書館のコンセプトを説明し、理解・協力を求める活動（人的接触）は、私を中心に全期間を通じて心がけた。宣伝は、地下鉄車内広告、駅構内ポスター、雑誌広告、パンフレットに予算を投入した。ジャーナリズムに対しても、個別に働きかけると共に、開館前から数回のプレスリリースを行ない、1週間前にはマスコミ各社を招いた事前説明会を実施した。

PRは極めて多様な利害関係者を対象とするが▼7、新千代田図書館に関しては、当初の主要標的はジャーナリズムだった。「これまでの公共図書館とは違っている」ことを積極的に打ち出そうとしていた新千代田図書館は、頑迷固陋《がんめいころう》な図書館界だけでなく、従来の図書館に慣れていた利用者、区民等一般の方からもある種の違和感や反発を受ける可能性は高かった。従来と異なっていることを否定的にではなく、肯定的に捉えてもらうためには、好意的な報道をしてもらうことが最も効果的だと考えたのである。それは最初の数か月が勝負だった。そしてその狙いは成功したと言っていいだろう。その象徴が、旧図書館の3～4倍の来館利用者数だった。

運営の1年間

開館以降の千代田図書館の状況についてはすでに第1章でふれたので、ここでは行政担当者として運営に関わる中で感じたことや考えたことを、思いつくままあげてみることにしたい。

●現場での改善の重要性

私の着任時に想定されていた任期は2007年3月までで、開館時には立ち会えないことになっていた。それが途中で任期が1年延長され、約1年間千代田図書館の運営に直接関与できたことは幸いだった。すでに言及したように、指定管理者に与えられた正式な準備期間は、4月1日から5月6日までのわずか一か月しかなく、資料の移転、職員の訓練、設備の整備、新サービスの準備、広報など、必死の頑張りで何とか開館日に間に合わせてくれたが、とても万全な態勢で開館できたと言えるものではなかった。5月7日以降も、通常営業と並行してさらなる体制の整備を進めた。館内の利用環境整備ひとつをとっても、館長や現場の責任者に対して私からほとんど毎日問題点の指摘や改善事項の指示を行なうことで、ようやく1年かけて私が考えていた環境にある程度近づくことができたと思う。その意味で、当初予定どおりの任期で図書館を去ることになっていたら、私の構想も、「そんな考え方もあったね」の昔語りで終わり、結局は施設がちょっときれいになった程度の従来型の貸出図書館になってしまったかもしれない。それほど現場のスタッフには、これまでの図書館のやり方や考え方が染みついていた。図書館は（というよりあらゆる組織は、というべきか）、やはり現場での改善が不可欠なのである。

優良顧客の獲得は、民間サービス業にとって最優先事項のひとつだろう。一方、公共サービスでは、利用者の公平性・平等性を名目に、利用者層を分析・種別化することを避け、一律のサービスを提供してきた。しかし、実際にはそのことによって、利用者層を選別し、特定利用者層に都合のいいサービスに経営資源を重点的に配分することになってしまっていた。それは従来の公共図書館の開館時間、蔵書構成やサービス内容に多くのビジネスパーソンや研究者などが不満をもっていたことからも明らかである。利用者をセグメント化し、それぞれにふさわしい新しいサービスを開発するというサービス業としての基本ができていなかった。千代田図書館でそれに手をつけることができたことは良かったと思っているが、まだほんの一歩を踏み出しただけである。

新しいサービスは概ね好評だった。もちろん、リカレント支援子ども預かりサービスのように空振りに終わったサービス、新書マップのようにコンセプトが良かったのにそれを支える体制を整えることができず、中途半端になってしまったサービスなど、すべてがうまくいったわけではない。やってみてうまくいけば、そこに資源を再投入し、うまくいかなければすぐ撤退する、この決定を速やかに行なうことが重要なのだが、離任した後の千代田図書館を見ると、やはりそれができていないので心配だ。

例えば、図書館職員には申し訳なかったが、開館初年度はどのような客層の利用があるか確かめるために12月31日まで開館してみた。しかし結果は、望むような利用のされ方ではなかった。私は館長に来年は閉館にしましょうと言って、その時は館長も同意してくれたのだが、やはり2年目も31日まで開館していた。これは現場の問題か、区側の問題か、あるいはそれ以外の要因があるのかわからないが、うまくいっていないサービスを廃止できず続けるということは、新しいサービスに資源を振り向けられないことにつながる。それが重なれば、経営環境や利用ニーズの変化に関わらず、十年一日のサービスを続けることになり、批判していた貸出第一主義の図書館と同じことになってしまう。

せっかくリニューアルしたのに本が少ない、本が古いという批判に対しては、やはり現場の図書館スタッフは堪えていたようだ。それだけで新千代田図書館はだめだときめつけようとする頑迷な図書館人も多かった。私は与えられた条件下（スペースの制約）での選択であり、そもそも資料の貸出・閲覧がサービスの第一とは考えていなかったので、最初からわり切っていたのだが。少ない蔵書の中で、書架に良い本を揃えること、それはこれから購入する資料もそうだし、閉架にある古い良い本を出してくることも含めて対応するしかない。あるいは自館蔵書だけを開架書架に並べるという発想自体を変えてほしいと思っていた。あるテーマのもとに、他機関から借りる、売りものの新刊書を置く、パンフレット、写真、独自作成資料など図書以外のものを展示する、関連サイトにつながったPC画面を掲示するなど、それぞれ専門分野をもった司書がいわばハイブリッド棚を毎月構成することはできないのだろうか。そんな工夫をしてほしいと思っている。

●人間関係

3社の社風の違いがあり、また同じ会社であっても、千代田図書館のために各所から集められたスタッフは、ほとんどが初対面だった。したがって、その融和にはかなりの時間がかかった。区側の担当者は、私とその下に2名が配属されたが、図書館事務室は10階、我々は

2階に席があり、日常的に接することはないので、私のほうから閲覧室の状況点検（利用者やスタッフの様子、書架の点検等）を兼ねて、館長を含む各スタッフとなるべくコミュニケーションの機会をもつようにした。待っていたのでは得られない図書館の状況や問題点に関する情報を直接聞くことができた。部下の二人にも機会をつくってなるべく図書館に出向くように言っていたが、ほとんど実行されてなかったようである。委託事業者の管理をしているという意識から抜け出ることができず、民間事業者と協働して新しい図書館をつくっていくというような意気込みは残念ながらなかった。一方、図書館のスタッフにはなるべく2階に出向いていわゆるホウ・レン・ソウ（報告、連絡、相談）を心がけてほしいと伝えていたが、これもこちらから連絡をしてようやく報告に来てくれるということが少なくなかった。

私の場合、図書館スタッフとの交流と合わせて、3社の管理スタッフとの連絡・協議も頻繁に行なう必要があった。Vxの人たちが私の経営方針をわかってくれない（あるいはわかろうとしない）ことに、しばしばいらいらさせられることはあったが、人間関係がこじれることはなかったと思う（先方が我慢してくれただけかもしれないが）。Vxの振舞い方・考え方を見ていると、彼らの問題というより、図書館業務の委託をしている先、つまり自治体の図書館担当者の理念のなさ、ご都合主義、安易さが透けて見えるような気がした。彼らはそれに適合した行動をしているだけだった。

私が気になっていたのは、田中館長（当時）とスタッフとの関係だった。国立大学図書館畑一筋、しかも情報関係が専門の田中館長にとって、通常の公共図書館とは異なる理念の千代田図書館とはいえ、かなり勝手が違って大変だっただろう。スタッフとのコミュニケーションがうまく取れていないことを感じさせることが少なくなかった。SV出の彼としては、Vxに属する大半のスタッフに対して、何かと制約があり、指示が出しにくかったであろうことも気の毒だった。これも共同事業体のデメリットであるが、それぞれの得意分野を生かすというメリットのほうが大きかったことは、繰り返し言っておきたい。

私の庁内での立場は、やはり特殊だったかもしれない。マスコミ受けするようなことばかり、やりたいようにやっていると反発をもった人も少なくなかったのではないかと想像するが、表だって言われることはなかった。区長、教育長そして議長の支持を得ていたことも大きかったが、定年までの処遇を気にしない任期付きで仕事をするメリットかもしれない。その意味で、他の自治体も、もっと外部からの任用を積極的に行なうべきだと思う。他の部署との関係をそれほど気にしなくてすむ、図書館のように独立性の強い施設の場合は特にそうだ。千代田図書館とほぼ同時期にオープンした他区の中央図書館の状況を見ると、せっかくの飛躍の機会を逸して、もったいないことをしたものだと思う。

1 **千代田区での課題**▼他に、図書館担当としては日比谷図書館の移管問題があり、文化財担当としては江戸城外堀跡保存管理計画の策定があった。後者は着任して初めて知った話だったが、実はかなりの難問であることが徐々にわかってきた。

2 **首脳会議**▼大げさな名称だが、いわゆる庁議にあたる、区長、副区長、教育長、部長等による千代田区の最高意思決定会議（所管業務が議題になるときは担当課長等も出席する）。とはいえ、区長の独壇場になることも多く、個人的には石川区長の行政センスの良さにいつも感心していたが、問題点をずばずば指摘される担当部長連は、大変な思いをして出席していたようである。

3 **読書活動振興▼**「区民の読書量を増やそう」というような狭い意味ではなく、読書環境の整備、音楽・映像メディアを含めたメディアリテラシー育成、出版文化の維持・発展なども施策範囲である。

4 **予算編成▼**余談になるが、国立国会図書館は諸外国のように文化省等に属する行政府の機関ではなく、衆・参事務局と並ぶ国会の一組織として、財務省主計局と直接予算交渉を行なっている。その意味で省庁と同格の扱いである。

5 **予算項目の分散▼**これは区の問題というより、官庁会計そのものの問題で、ある事業にどれだけのコストがほんとうにかかっているかを知ることは実は非常に難しい。それが事業の効率化・見直しを阻む大きな原因のひとつとなっている。

6 **PRと「広報」の違い▼**「広報」は、このうちの宣伝とパブリシティをさして使われることが一般的なように思われるが、PR理論上の厳密な定義があるわけではない。

7 **図書館の利害関係者▼**私は大きく、①内部関係者、②行政・議会関係者、③利用者関係、④資源供給事業者、⑤協力・競合機関、⑥社会的影響力をもつ個人・団体、の六つのカテゴリーに分けて考えている。

第3章●

新しい公共図書館に向かって

第1章では、千代田図書館で何が行なわれているかについて、若干の経緯を含めて説明した。本章では、なぜそうしようとしたのかについて、その背景となる考え方を含めて述べてみたい。

公共図書館の何を変えたかったのか

公共図書館の現状に以前から不満と危機感をもっていた。それは図書館関連の雑誌論調や研修・研究会等集会の際の公共図書館員の発言を聞くことによって形成された理論的な側面と、都内区部に住んで実際に地元の公共図書館を利用した経験からくる両面がある。公共施設としての図書館のあり方やそこで提供する図書館サービスは、当然ながら政治的・経済的・社会的・文化的環境の変化に応じて変わってくるはずだ。しかし私の眼には、大きく変わりつつある経営環境にはお構いなく、これまでやってきたことは正しく、これまでどおりのことをこれからもやっていけばいいという図書館員の知的怠惰《たいだ》と、図書館カウンターでバーコードを機械的によんでいる作業の姿しか見えてこなかった。そこからは新しい情報・文化環境に対応して、公共図書館の将来を展望していくメッセージは何も発信されていないように思えた。もちろん、全国的に見れば、Library of the Yearの選考に関わることで改めて気がついたが、各地域コミュニティの独自性に応じた新しい図書館サービスに取り組んでいる公共図書館は少なくなく、私の印象はあくまで図書館関係者の主流的論調や東京23区の図書館体験に基づくものに過ぎない。しかし数年前新聞各紙を賑わせた公共図書館＝無料貸本屋批判は、私の認識が、公共図書館に対する社会的認識からそれほど遊離したものではないことを裏づけているように思われる。

そこで、もう少し具体的に、これまでの公共図書館のどこが問題で、何を変えなければならないと私が思っていたか、以下に見ていくことにしよう。

●貸出サービスしかやっていない（ように見える）こと

私は貸出サービスが公共図書館の主要サービスとしての位置を占めるようになった歴史的経緯やその意義を否定するものではない。しかし図書館法第3条▼1を引くまでもなく、資料提供が図書館サービスの特権的地位を占めなければならない必然性があるわけでもなく、蔵書を活用するサービスに限っても、他に情報提供、書誌事項調査、読書相談、展示など様々なサービスがある。資料提供サービス自体、貸出以外に閲覧や複写物提供などの館内利用だけでなく、遠隔サービスとしての文献提供やコンテンツ提供を含む広範なサービスである。

ところが、多くの公共図書館では、カウンターでの貸出・返却サービスを柱に、それを支える資料発注・受け入れ業務等、さらに予約や図書館間貸出などの付加的サービスを中心に、職員配置や業務全体が組み立てられている。これ以外に利用できる何かほかのサービスを忠い浮かべるのが困難な図書館も少なくない。このことが、利用者のリクエストに応じるため話題の小説やタレント本を同じタイトルについて何十冊も購入して、著者の権利を侵害し、書店の売り上げ減を招いている「無料貸本屋」という社会的イメージに（それがすべて事実であるか否かとは別に）結びついた大きな原因になっているように思われる。このようなイメージを払拭しない限り、公共図書館の新たな発展は望めないどころか、早晩行き詰まることは明らかだ。理由は三つある。

ひとつは、こうしたイメージが、本来なら公共図書館の優良顧客層となり、また外部と協働して図書館員が文化活動や新しい情報環境づくりを行なっていくときの有望な協力者候補（作家、研究者、ジャーナリスト、ビジネスパーソンなど日常的に情報・知識を扱う生活をしている人たち）を図書館から遠ざけてしまっていることだ。

第二の問題点は、その裏返しになるが、「昼間、時間に余裕のある人のための貸出図書館」のイメージが、特定ヘビーユーザーの固定化を招いていることがある。世論調査によれば、年1回以上公共図書館を利用する人は平均で住民の約3割に過ぎない。そのうち、週1回程度来館して、リクエストや予約なども含めた貸出サービスをフル活用している利用者は、住民の1割に満たないかもしれない。「図書館を使い倒す！」▼2利用者がいること自体はありがたいことだが（少なくとも悪いことではないが）、そのために図書館経営資源の大半をつぎ込んでしまい、未利用者だが、納税者として図書館を支えてくれている人たちのニーズを汲み取り、それに合った別のサービスを開発する努力を怠っているとすれば問題だ。自治体財政が厳しくなっている状況で、なぜ限られた利用者のために無料の貸本サービスを続ける必要があるのか、という議論が今後地方議会や住民の間で出てくる可能性は否定できない。

その関連で出てくる第三の問題は、図書館（員）あるいは図書館行政の側に生じている。つまり、図書館はただ本を貸していればいい、利用者はそれで満足している、という考え方は、新規サービスの開発意欲を削ぎ、図書館発展の妨げになるばかりでなく、同じ作業をするなら高給？の公務員でやるより、委託して低賃金のアルバイト職員でやれば大幅なコスト削減になる、という発想を自治体の財政担当者や行革担当者から引き出してしまった。実際、その考えに従って、コスト削減を主目的にしたとしか思えない図書館の業務委託や指定管理者導入が全国的に広がっている。

●子ども好きの司書たち

もちろん、子ども好きがいけないわけではない。しかし私が不思議なのは、なぜ子どもへのサービスに司書の人たちは執着し、それだけに熱意を傾けているように見えるのだろうか。私が行ったことのある多くの公共図書館では、貸出以外に目立つサービスといえば、児童サービス、それも「お話し会」を毎週やっています、というようなことをその図書館のサービス案内に誇らしげに書いてあったことを思い出す。公共図書館がサービスすべき対象として、高齢者、ビジネスパーソン、ジャーナリスト、研究者、失業者、NPO関係者、行政担当者等々、いくらでもあるはずだ。なぜ図書館員は児童サービスと同じだけの熱意をもって、彼らに向けたサービスをしようと考えないのだろうか。

千代田区立図書館直営時代に、千代田図書館長として、司書資格をもつ非常勤職員を募集したことがある。千代田図書館ではそれ以前から、司書資格を持たない（そもそも図書館に関心をもっていない）区の常勤職員を「補う」ため、職員の同数近い司書有資格の非常勤職員・アルバイターを雇用していた。その補充・増員のための募集だった。

若干名の募集に対して、優に100名を超える応募があり、書類選考の後、面接を行なった。図書館で特にどのサービスに関心があるのか、取り組みたいのかという質問に対して、10人中7、8人が児童サービスをあげたことに、基本的に児童サービスのない国会図書館出身の私はほんとうに驚いた。そのとき館界で話題になっていたビジネス支援サービスをあげたのは一人だけである。どう考えても変だ、と思った。

私が着任したのが2004年9月（平成16年度）、その年度内の図書館組織は、業務単位毎に常勤と非常勤の職員がチームで仕事をしていた。常勤と非常勤の職務分担がそこではどうなっているのか、私にはよくわからなかった。そこで平成17年度は、常勤職員に遠慮して非常勤職員が十分に力を発揮しにくい体制を組み替えたほうがいいという課長補佐の進言もあり、常勤グループと非常勤グループを明確に分け、職務分担もはっきりさせた。通常の司書業務は非常勤職員に任せ、自発的に業務を改善したり、新しいサービスの提案もできるようにした。また、私自身が非常勤職員一人ひとりに合わせて新しいサービスのコンセプトを提示し、その企画づくりをしてもらうことにした。しかしその結果は、期待はずれだった。10

人近い非常勤職員のうち、新しい提案を私に提示してきたのは二人だけだった。他の職員は、私に言われたから考えました、言われるまでは考えません、である。

私に面と向かって言う人はいなかったが、自主的にやれと言われても何をしていいのかわからない、常勤の3分の1の給料でなぜ3倍の仕事をしなければならないのか（それはそのとおりだが）、言われたとおりやっているほうが楽だ、という雰囲気だった。都内公立図書館の非常勤職員から浦安市立図書館常勤職員、そして中央館長になった常世田さんの熱意を実際に聞いて知っていたので、もう少し「熱い」ものを期待していたのだが、お話し会がやれればそれで満足という程度の図書館への熱意のように感じた。せっかくの機会をとらえて未来を切り開くという積極性を感じたのは、たった一人だった。そしてその希少な一人は、指定管理者が決まってから、私に仲介を頼むこともなく、自分で直接指定管理者のうちの1社と交渉して新千代田図書館にポストを獲得した。

毎年1万人前後の人が司書資格を得ると言われている。しかし、その大半の人たちが司書としてやりたいことと、私が司書に望むこと・私の考える公共図書館が必要とする人材との間には、あまりにも大きな溝があることを実感している。

●限られた利用者

「限られた」の意味は、二つある。ひとつは、数の問題だ。前述したように、全国平均で7割の住民がほとんど公共図書館を使っていない。もちろん、公共施設の中でこれほど使われている施設は他にないが、公共図書館の使命である（あくまで私の考える、という意味だが）「地域の文化・知的情報資源の発掘・収集・整理・保存・蓄積と世界の文化・知的情報資源へのアクセスの保障、それに基づく新しい情報・知識の創造の場となること」に鑑みれば、原理的にはすべての人に何らかの形で使われてしかるべきだろう。「誰でも使えるはずの図書館」が、3割の人しか使わない（または使えない）のは、やはり図書館の側に何か問題があると考えたほうがいい。残りの7割の人にどうやったら使ってもらえるか、常に新しいサービスの開発を考えていなければならないはずだ。

もうひとつは「利用者層」の限定である。マーケティング的にセグメントと言ってもいい。従来の公共図書館はここで大きな選択をしてきた。つまり「昼間の時間が自由になる、趣味・娯楽・教養を主たる目的とする人たち」を意図的にあるいは意図せずに選んできた。おそらくこのような選択は、1970年代の公共図書館浮揚期では、貸出サービス重視に合わせた意図的・戦術的なものだったように思われるが、80年代以降、それが自己目的化してしまったように見える。しかし図書館の使命と今後の経営戦略に照らして、これからも正しい選択と言えるのだろうか。

この二つの選択は、連動した部分と、別々に考えるべき部分の両面がある。当然ながら、開館時間の設定や蔵書構成・提供サービスの内容を事実上限定することによって、利用者数も限られてくるだろう。千代田図書館がビジネスパーソンを標的のひとつに選ぶことで、利用者数が大幅に増えたことはそれを証明している。一方で、利用者数の問題は、多い少ないということだけではなく、利用の頻度や利用内容・質の問題を合わせて考える必要がある。また、利用者層についても、どのように利用者をグループ化（セグメント化）するかという難しい問題をはらんでいる。

いずれにせよ従来の公共図書館は、利用者のニーズを捉えたサービスを第一に考えると言いながら、貸出冊数の多寡《たか》でそれを判断する程度でしか把握していなかったことに大きな問題があった。定期的に利用（者）調査を行なっている図書館は全国的には少数派で、しかも調査内容も固定化しがちである。新しいニーズを捉えてサービスの開発を行なうための調査というより、毎回同じ質問を行ない、それが前回と比べて増えた減ったと評価しているだけ（結局いったい何を評価しているのかわからないことが多い）に終わりがちのように思われる。利用者とそのニーズ、そして図書館の社会的な使命を捉えることに真正面から向き合っていなかったのではないだろうか。

●新規サービス開発の失敗

多くの公共図書館では、貸出サービスに続く新しい図書館サービスの開発に失敗してきた。「失敗」というのは大方の図書館については、ある意味評価しすぎかもしれない。なぜなら、失敗は何か新しいことをしようとして失敗するのであって、最初から何もしなければ失敗もない。「公共図書館とは図書を無料で貸し出すところだ」と考えていれば、それに代わる主力製品（サービス）の開発など思いも及ばないだろう。しかしその考えにも二つの違う態度が含まれている。

ひとつは、自治体行政担当者や図書館員自身が、図書館とはそんなもので、極端な言い方をすれば、本が借りられれば住民も文句ないだろう、という程度にしか考えていない場合がある。このような態度は良心的な図書館員には腹立たしいかもしれないが、実は社会通念的にはそれほど非常識なものではない。無料貸本屋という揶揄的表現をするか否かは別として、「図書館＝ただで本を借りられるところ」のイメージは社会に定着し、実際の利用者の多くもそう受け止めている。サービス改善に対する利用者の要望でも、貸出期限の延長や冊数制限緩和、予約サービスの利便化など貸出に関わるものが圧倒的に多い。しかし、こうした社会的認知や利用者の図書館像が形成されてきたことに対しては、図書館側の責任が大きいのではないだろうか。

もうひとつは、こうした図書館を矮小化する態度とは逆に、貸出サービスこそ図書館サービスの本質であり、他のサービスは二次的なものであるとする、貸出サービスを中心に図書館サービスを構築しようとする立場で、現場の図書館員にかつては根強くあった考え方だ。

この二つの態度は基本的に別の方向を向いている、相容れない態度なのだが、皮肉にも「図書館＝貸出」の社会的イメージを強化することでは一致してしまった。そして毎日カウンターで何も考えずに機械的にバーコードを読み取っていれば、500万、600万の給料がもらえ、定時に帰れる公務員図書館員に広く受け入れられてしまったのである。

もちろん、貸出さえやっていればいい、というのが図書館界すべての意見だったわけではない。貸出の次に来るべき主力サービスを探していた図書館員や図書館情報学研究者は少なくない。その有力候補がレファレンス・サービスだった。

レファレンス・サービスは、米国図書館（図書館情報学）界の影響を強く受けている日本では、図書館が行なうべき当然の、そして専門職のスキルとコレクションをフル活用して行なう高度なサービスと考えられている。しかし、例えば英国ではレファレンス・サービスという言葉自体をあまり聞くことはない。それはレファレンス・サービスにあたるサービスを行なっていないということではなく、サービスの提示の仕方が違っているからである。

そもそもレファレンス・サービスは、情報サービス、利用者教育、図書館利用ガイダンスなど、手法も目的も大きく異なるサービスについて、司書による利用者援助の側面に焦点を絞って共通化した総称であり、細かく見れば、簡易レファレンス、書誌事項確認、相互貸借・文献提供手続き、情報提供サービス、レフェラル・サービス、調査支援、SDI、データベース検索、情報事業者斡旋、図書館オリエンテーション、文献探索指導、情報マネジメント教育、読書相談、読書療法、調査コンサルティングなどの極めて多様なサービスから構成されている。これら全体をレファレンス・ワークとして、レファレンス・ライブラリアンが業務上統括することには意味があるが、司書とのコミュニケーションを必要とするサービスに慣れていない、そして利用目的も社会的背景も異なる日本の図書館利用者にいきなりレファレンス・サービスとして提示しても、受け入れられるはずはなかった。図書館界ではいまだにレファレンス・サービスの普及と充実が提唱され続けているが、実際に日本の公共図書館の現場で、レファレンス・サービスが定着していると言えるところが何館あるだろうか。20年間も売れない商品があるとすれば、それは宣伝の仕方が悪いのでも、ましてや買わない消費者が悪いのでもなく、商品そのものが悪いのである。民間であれば、20年間も売れない商品を出し続けている会社はとっくに倒産しているが、そうでないところに公立図書館サービスの「親方日の丸体質」が象徴されているような話である。

近年はビジネス支援に代表される支援サービスが提唱され、一部の図書館では熱心な取り組みが始まっているが、これもマーケティング流にいえば、製品コンセプトは良くても、製品デザインやパッケージングが不十分で、このままではこの商品もあまり普及は望めないだろう。

新しいサービスを次々と開発し、これまでの顧客満足度を高めるとともに、常に新規の利用者を獲得できるように努めるのが普通のサービス業だ。しかし公共図書館ではそうなっていない。その最大の障害は、ほとんどの図書館員がその必要を感じていないことにある。その理由は、貸出サービスこそ図書館サービスの本質であり、図書館コンシェルジュのような「奇抜なサービス」▼3に目を奪われずに貸出サービスの向上に力を注ぐべきだとの信念による場合もあれば、ただ単純に、そんなことで努力しても何もいいことがないどころか、同じ給料でますます忙しくなるだけという、「まっとうな」公務員感覚による場合もあるだろう。

さらに難しい問題は、ただでさえ少数派？の何か新しいことに取り組まなければならないと思っている図書館員に、新しいサービスを思いつく発想力や、それを具体化する企画開発力が必ずしも備わっているとは限らないことである。もう少しはっきり言うなら、私の経験に照らして、現在の司書および司書志望者の多くは、もともとのメンタリティ、職業指向性、大学での司書教育、職場での経験など様々な要因があるだろうが、新しい事業やサービスの企画・開発という仕事にあまり向いていないような気がしてならない。本来この分野で最大のリーダーシップを発揮しなければならない館長を含めて、現状とは別のタイプの人材が必要なのだろう。その前提として、組織としての図書館に改革志向の文化がなければ、せっかくの意欲も能力もある人材が生かされようがないことは言うまでもない。

●専門家の不在

ミュージアムに学芸員がいるように、図書館には司書という専門家がいる、と社会的には思われている。しかしそれは二重の意味で事実と異なっている。

ひとつは、司書（この場合、司書資格を有する図書館職員としておく）が一人もいないか、いても一人しかいない公共図書館が、全国の3分の2近くを占めるという事実がある。もうひとつは、司書はいても、それだけで彼または彼女を専門家と呼べるのだろうか、というさらに重要な問題がある。私の考えははっきりしている。専門家と呼んでいいような司書は、残念ながら今の日本にはごくわずかしかいない、ということだ。つまり、大学で幾つかの単位をとって司書資格を得、「本が好き、人が好き」の気持ちで、図書館の日常業務を無難にこなしているだけでは、とても専門家とは言えないということである。洗い場でいくらジャガイモ剥きや皿洗いに上達しても――もちろん、それがきちんとできることが前提だが――、料理をつくること、特に新しい料理を創作することができなければ、それはコック見習いであって、コックやシェフではないのと同じことだ。司書について言えば、①担当業務とその業務に関する図書館情報学の基本知識・最新情報に通じており、②それに関するリポートや論文を書き、③後輩や学生に対してそのテーマで研修講師ができる、そして一番重要なのは、④そのような知識・経験をもとに、（潜在）利用者のニーズを汲み取った新しいサービスの考案・開発・提供ができる実務能力を有すること、だと考える。

これまで日本の公共図書館で、専門職としての司書の必要性について真剣に論議されてこなかったのは、図書館、利用者、行政それぞれで、そして社会的に、公共図書館は本をただで借りられればそれで十分という暗黙の了解があったからではないだろうか。図書館職員として経験と知識を蓄積し、専門家としてのスキルを磨くよりも、公務員としての身分に安住してしまいがちではなかったのか。しかし、第1章で挙げた新千代田図書館でのサービスを本格的に展開するためには、司書を始めとする専門家の存在は、図書館の現場に不可欠なのである。

欧米、アジア等で司書職制が整っている例を見ると、大きく二つの分野で専門性が必要とされている。ひとつは主題別・資料別の専門性、もうひとつが業務別・機能別・利用者別の専門性である。カタロガーやレファレンス・ライブラリアンのように両方の専門性が必要な場合と、システム・ライブラリアンのように後者の専門性が中心の場合とがある。前者の専門性では、人文学・社会科学等各主題分野、歴史史料、政府刊行物、手稿、地図、音楽、美術、映像、コミック、逐次刊行物、新聞、電子情報源等、後者では、システム、財務、PR、マーケティング、蔵書構築、資料保存、レファレンス、文献提供、ビジネス等各種支援業務、児童、高齢者、障害者等に専門分化している。この例からもわかるように、図書館に必要な専門家は、従来の図書館情報学系・司書課程教育の中からだけでは充足できない。財務、PR、システム、マーケティングなど別の分野からの人材調達が必要になっている。

司書の中の専門分化が必要だとは言っても、当然ながら、職員5名の町立図書館で、自分は専門外のことはできません、専門のこと以外はやりません、では通らない。すべての仕事がこなせなければならないし、実際の業務も、そこまで細分化されているわけではない。しかし、以上で挙げた各分野について最低限の知識を有して、町医者が必要に応じて患者の症状にふさわしい大学病院の専門医に紹介するように、町立図書館から県立図書館や専門図書館へ通じる専門職としての繋がりが保てるようにしなければならないはずだ。専門職というのは、専門職集団の成立が前提となっているが、日本ではそれが形成されているとは到底言い難いのである。

千代田図書館では、新規開館に合わせて、図書館サービス部門の司書資格率は100%、しかも常勤職員はすべて新しい図書館をつくろうという意欲をもった図書館実務経験者、さらに地域資料・古文書担当にはそれに併せて学芸員資格者まで配置した。また、システム担当者1名＋α（兼任分）、日本の公共図書館では初めての専任広報担当者2名が、それぞれの分野の経験者から配置された。何より図書館長は、図書館システム系が専門だが、国立大学図書館一筋の、23区で唯一の図書館の専門家が就任した。それだけでも指定管理者制度導入の大きな効果があったわけである。これが普通の公共図書館であれば、スタッフについては、これで言うことなしだったかもしれない。しかし、私が要求していた水準は、それよりはるかに高いものだった。

例えば、ほとんどの公共図書館では開架資料の多くがNDC（日本十進分類法）に従って並べられている。このこと自体根本的な変革が必要だと私は考えているが、それを前提としても、NDCで割り振られたある分野、例えば西洋史関係資料が、一連の書棚の上で、NDCの下位分類の順に（古代、中世、……、そして今度は中世の中をさらに下位分類でというように）ただ機械的に並べられているだけでいいのだろうか。その構成をどうするかを工夫することが司書の専門性ではないのだろうか。テーマ、視点、話題性等資料のまとめ方はいくらでもあるはずだ。さらに本以外にも、パンフレットその他の資料や写真、それに詳しい専門家・専門機関の紹介などを棚の上で展開して（例えば、それをすぐ調べられるパソコンが資料と一緒に並んでいたりすることによって）利用者に資料と情報を「提示する」能力が必要だと思う。それができるためには、その分野の基礎知識をもち、学界での動向、社会的な関心や利用者のニーズを司書は把握しておかなければならない。利用者が要求した特定資料を提供するという程度なら、お客の求めに応じて正確かつ迅速にチーズバーガーとアイスコーヒーを出すことができるファストフードのアルバイトと違いはない。

公共図書館における専門職制度確立に関する図書館界での論調をみて、私がいつも抱く違和感は、直営で常勤の司書を配置すれば素晴らしいサービスを提供してくれるはずだという彼らの主張と、司書有資格者の採用・配置が行なわれている多くの公立図書館の司書たちの不勉強ぶり・専門性のなさとの落差である。

●安易な委託・指定管理者制度導入の横行

司書資格者が配置されていない図書館はもちろん、これまでは優先的に配置してきたような図書館についても、カウンター業務等の外部委託が日本全国で急速に広がっている。また、理事者、図書館員、住民・利用者等関係者の間で指定管理者制度と業務委託との違いも十分認識・論議されないまま、指定管理者を導入する図書館も少しずつ増えている。そして当事者が何と言おうと、私が見る限り、委託等を実施している大半の図書館では、委託も指定管理者も導入の理由は経費削減が第一、第二に開館時間延長など従来型サービスの量的拡大、指定管理者導入の場合は、第三があるとすれば、そこで初めて少しユニークなサービスを考えてほしい（ただし余計な経費はかけずに）という感じだろうか。そこには、直営、委託、指定管理者という経営方式のメリット・デメリットを比較し、各自治体及び図書館の置かれた経営環境を考慮したうえで、最もふさわしい経営形態を選択するという政策的観点はほとんど見つけられない。

新千代田図書館は、指定管理者制度導入の成功例としてたびたび新聞等マスメディアに取り上げられたこともあり、図書館への指定管理者制度導入を視野に入れた自治体の行政改革・企画担当者や教育委員会事務局担当者の見学・調査を数多く受け入れることになった。図書館関係者その他の団体の見学は指定管理者の館長等図書館スタッフが担当したが、自治体担当者の見学は、その趣旨からいっても図書館行政を担当する私が対応した。そこで驚いたのは、彼らの3分の2ぐらいの人たちは「何も考えていない」ことだった。

知事や市長が導入に熱心だから、指定管理者が流行っているから、なるべく安上がりにしたい、話を聞いて来いと言われたから、という程度で、税金を使って出張をし、的外れで無気力な質問をする人たちにはあきれてしまった。各自治体の行政改革・企画部門の担当者である以上、庁内ではそれなりに優秀な人材が配置されているはずで、確かに質疑応答をしていて彼らの頭が悪いという感じはしなかった。図書館の専門家でないこともわかっているが、自分なりの図書館観や経営改革方針をもって臨むのが常識だと思っていた私には、彼らの導入プランに従って運営されるであろう各図書館の行く末が見えるようで徒労感と一抹の悲哀を感じるだけだった。

その一方で、残りの3分の1の人たちは真剣だった。それなりの識見があり、事前調査をしたうえで千代田図書館見学に臨んでいた。何より、指定管理者導入を機に地元図書館のサービス改革をしたいという熱意を感じた。とは言え、地方の財政状況悪化は免れがたく、新千代田図書館では旧図書館よりも予算を増額したという説明には苦笑していた。千代田図書館の事例が、どれだけ実際の図書館改革の参考になりえたかは別としても、改革に主体的に取り組もうとする行政担当者がいたことも確かである。

結局、大半の自治体で、図書館への委託や指定管理者の導入を意図する最大の理由が費用削減にあることは明らかだった。それは図書館に限らず、他の自治体施設（公の施設）についても同様で、同じ仕事の水準なら、公務員よりはるかに低い賃金で済む契約社員やアルバイターを使い、しかも土日や夜間のリービス時間延長も可能になる、というのが、多くの担当者の本音ではないだろうか。そこでは公共図書館を自治体政策全体の中でどう位置づけ、どのようなサービスを展開させていくのかという、図書館の根幹に関わる経営方針は示されていないし、論議すらされていないように思われる。ひと言で言えば、自治体としての図書館政策がないことが最大の本質的問題であり、直営か指定管理者制度かの選択は、本来は二次的な問題にすぎない。

経費削減を目的に図書館業務の委託等を推進してきた行政担当者も、さすがにそれが直営時代よりもサービスが大きく低下するおそれがあれば、そう簡単に委託を進められなかったはずだ。しかし、実際には、「公務員よりはるかに低い賃金で済む契約社員やアルバイター」が提供するサービスが、従来と「同じ仕事の水準」か、あるいは委託を実施した図書館の利用者の反応によくあるように、「これまでの無愛想な応対から、笑顔で迎えてくれるように変わって良かった」ということであれば、その選択自体は合理的といってもいいかもしれない。委託職員では代替不可能な（そのように理事者や利用者に認識される）図書館サービスを提供してこなかった公務員としての図書館員の責任について、図書館界としての反省はないのだろうか。

●発想転換ができないままの図書館経営

公の施設である公立図書館は、その設置者である自治体の古い組織原理・経営原理を受け継いでいる。そのひとつが、公的領域の先取性とそこでの排他性・独占的立場の固持だ。どういうことかと言うと、様々な社会活動がある中で、公的機関が独占的に活動を行なうことのできる（あるいは行なうべき）領域を先に決めてしまい、残った領域が企業や様々な団体・個人の活動領域と考える傾向が、かつては役所や公務員だけでなく社会一般にあったということである。警察、消防、教育、福祉、医療、都市計画など、その分野は広範にわたり、図書館も「社会教育」という官固有の領域で機能すべき施設だった。近年、官民の役割分担見直しや規制緩和、NPM（New Public Management）概念の導入が進むにつれて、その考え方が徐々に変化していることは確かだが、何か事件があるとすぐ役所の責任が問われ、対応が求められることによって新たな規制が生じる現象がいまだに珍しくないことからすると、まだまだ社会的に根強いものがあるように思われる。官民の様々な利害関係者が協働してルールを決めていく▼4民間公共社会の形成は、これからの課題のようである。このように官の役割と守備範囲を先に決めてしまい、その中で活動を行なっていこうとすることの問題点は多いが、経営的側面に着目すると、その最大のデメリットは経営資源の限定である。

つまり、ヒト、モノ、カネ、情報の各分野で、公務員、公有財産、税金など官固有の経営資源に頼るしかなく、公務員の非効率性や前例主義、税収の落ち込み、組織の壁による情報流通の悪さなどが重なると、身動きがとれなくなり、新しい施策を打ち出すことができないのである。図書館を例にとれば、予算の割り当てが減れば資料費を削り、職員定数を減らされれば、官製ワーキングプアと指摘される非常勤職員の雇用や委託化で事態を乗り切ろうとする、そういう「縮み志向」に陥りがちになるということである。米国の公共図書館のように、財源ひとつをとっても、寄付金を集める、財団などの助成を得る、手数料収入を得る、施設運用等による事業収入を増やす、広告費を稼ぐなど、様々な外部資金獲得方法が考えられるはずだ。経営目的と方針を設定し、それを実現できる内外の経営資源を調達し、それを適切に配分・運用することが経営の基本だとすれば、日本の多くの公共図書館に果たしてほんとうの経営があると言えるのだろうか。自治体行政の中で決められた予算・法規・制度の範囲で、貸出や読み聞かせなどの図書館の基本的サービス（と思い込んでいるだけだが）を、滞りなく、クレームが来ないように「運営」していればいいというのが、日本の多くの公共図書館の実態のように思われる。

●図書館行政の不在

こうした公共図書館現場における「経営の不在」は、だれに責任があるのだろうか。図書館長がまずその責を問われることは間違いない。しかしそこに大きく影を落としているのが図書館行政の問題である。

図書館行政は、大きく国レベルと地方自治体レベルに分かれる。本来両者の間に上下関係はないはずだが、実際には他の行政分野と同様に、国の基本的な方針や具体的な通達、基準、指針等の大枠の中で地方自治体での図書館運営がなされる。ただ、他の分野と比べて、その「縛り」がかなり緩いことも確かだ。その理由は簡単で、国の（公共）図書館行政の明確な方針がなく、従ってそれに基づく規制もほとんどない代わりに、補助金その他の振興策もなきに等しいからである。それはつまり、図書館が国の施策の中で占める地位が残念ながらきわめて低く、政治家や行政官の関心の範囲になかったことを意味している。その理由も明白だ。

公共図書館行政は、現在の文部科学行政の中では、教育行政部門とは別の生涯学習政策局が担っている。しかし、行政法上は、教育法系にある社会教育法のもとに図書館法がある。文部行政の主眼がいまだに学校教育行政にあるのは明らかで、公共図書館は傍流の傍流だ。文部省が、かつて学校教育から生涯学習の領域に軸足を移そうとしたときに生まれたのが生涯学習政策局であり、今でも形式的には筆頭局にとどまっているものの、生涯学習政策の不首尾によって、すっかり学校教育行政中心に戻ってしまった▼5。

すでに何度も言及してきたが、公共図書館の果たす役割は生涯学習（社会教育）にとどまらず、産業、福祉、教育、文化等すべての行政領域に関わる。情報と知識のマネジメントに関わることが図書館の本質的機能であるとすれば、それは当然のことだろう。つまり、公共図書館が従来の文部行政のもとに置かれている限り、大きな発展が見込めないことは約束されたようなものなのである。

一方の地方自治体ではどうかと言うと、国の教育行政の相似形で各自治体教育委員会が運営されている以上、概ね似たりよったりの状況である。図書館運営に滞りさえなければ十分で、図書館行政なんて考えたことがない、が本音だろう。しかし、異なる部分もある。ひとつは、国と違って一種の大統領制である首長の存在だ。首長の決断で、図書館政策の優先順位が大きく上昇することが可能なのである。もうひとつは、国と違い、住民に直接サービスをする公の施設としての図書館の人気である。これからほしい施設あるいは一番使っている施設を聞いた住民調査で、図書館は常にトップを占め、行政としては無視できない存在になっている。

前者の例は明らかだ。Library of the Year 大賞に選ばれた鳥取県立図書館（2006年）、愛知川図書館（2007年）、そして千代田図書館を始めとして、これまで好評価の対象となってきた浦安市立図書館、滋賀県立図書館などの事例を見れば、当時の館長や館員の頑張り、住民の支持など様々な成功要因の中で、首長の支持あるいはリーダーシップはすべての館に共通している不可欠の要因である。それらの図書館の特徴は、図書館内でのサービス面の向上だけでなく、全域サービスの視点や読書振興・地域振興など社会政策上の視点が加わった図書館行政を展開していることだろう。逆にいえば、それ以外の自治体では、図書館行政の中に位置づけられた図書館サービスの視点がほとんどないということである。

●理念の喪失

以上、貸出サービスしかやっていない（ように見える）こと、司書の子ども好き（逆に言うと大人嫌い）、限られたタイプの利用者と利用内容、新規サービス開発の失敗、専門家の不在、安易な委託・指定管理者制度導入の横行、発想転換ができないままの図書館経営、図書館行政の不在、と8点にわたって今の公共図書館がだめな理由をあげてきた。私の考えでは、一見ばらばらのようなこれらの問題は、たまたまの状況に合わせて現出した偶然的なものではなく、従来の公共図書館運動・図書館観・公務員制度等と深いところで繋がっている、ある種の岩盤（パラダイム）に根ざしている。つまり、主題知識や情報組織化に関する知識・スキルの欠如に起因する現場図書館員の自信のなさ・実力のなさが、ビジネスパーソンなどまともな情報要求をもった利用者と応対することを避けさせ、文句を言わない子どもへの読み聞かせや機械的にやっていればすんでしまう貸出カウンターでの作業▼6に逃げ込んで、流行りの新刊書をただで借りられさえすれば満足する利用者を呼び寄せ、新規サービス開発の必要性を感じないまま、「単純作業としての図書館業務」の委託がどんどん進んでいき、図書館行政はそれに手をこまねいている、というように問題は連なっているのだ。私はこの従来のパラダイムを全面的に否定する気はない。ある時代、それなりの正当性と有効性をもっていたからである。しかし社会状況・メディア環境は劇的に変化した。新しい公共図書館のパラダイムと理念が必要なのである。今はそれが喪失したままになっていることを多くの図書館人も実は感じているのではないだろうか。私は千代田図書館で新しい公共図書館理念を提示したかったのだ。

公共図書館をどのように変えたかったのか

どう変えたかったのかは、まさに前節であげた公共図書館の現状への不満理由の裏返しになる。それを理念、政策、運営面の三つの層に分けて説明したい。

●新しい理念の提示

「公共図書館」は、「公共性」と「図書館」という、それぞれ深い文化の歴史と理念を背負った言葉で構成されている。そしてこれからの公共図書館のあり方を考えるためには、図書館の公共性をどこに求めていくかを明らかにする必要がある。そのことは、これからの知識世界の方向性や行政の役割の変化、民間公共社会のあり方などの考察が不可欠なことを示している。

率直なところ、私が千代田図書館リニューアルオープンの責任を負った時点では、こういう方向性で新しい図書館を構築しようという考えはあったが、これからの公共図書館像といえるまでのまとまった考えをまだ明確にもっていたわけではない▼7。また、理念上の参考となるような公立図書館も皆無だった。唯一私が参考にしたのは、千代田図書館長就任の1年前（2003年）に開館していた六本木ライブラリーだった。知的創造の場の提供、利用者の質の確保、利用者同士の交流促進など、新しい知的公共空間をつくろうとしている点で、民間の有料サービス図書館ではあったが、私には立派な公共図書館に思えた。新しい公共図書館像は現時点でもまだまだ模索中であり、本来は実践活動を踏みながら、理念的にも鍛えていく必要があるのだが、残念ながら今の私は公共図書館の現場にいない。それでも、この数年の経験で方向性が見えてきた部分もある。

千代田図書館長に就任したとき、こういう図書館にはしない、ということははっきりしていた。情報・知識の消費構造の歯車になってしまわないこと、それを象徴する貸出第一主義にはしないこと、図書館という単独の施設・機能の中に閉じこもらないこと、これまでの郊外型公共図書館モデルとの違いをはっきりさせること、徒《いたずら》にITを売りにしないこと、などである。つまりめざすべき方向としては、情報・知識の創造の場になること、あるいは少なくともそれを担う人たちを支援すること、同じように社会の情報・知識基盤を支える官民を超えた機関・団体と連携すること、図書館の経営権を確立し、そのために最適の経営形態を選択すること、図書館の運営にとどまらない図書館行政の位置づけを明確にすること、定型的サービスを超えて「活動」を主軸にすることによって知的階層に受け入れられる図書館にすること、こうしたことを可能にする専門家集団を構成すること、などを考えていた。

図書館の公共性については、現在は情報・知識の生産から利用・蓄積に関わる公開性、公式性、普遍性、そして公平性の四つの視点からアプローチすべきだと考えているが、千代田区着任時点で重視していたのは、次の2点である。

ひとつは、民間公共の概念をどう具体的に取り込むかの観点である。官=公共のドグマが壊れる中で、「直営」「公務員による運営」「財源は税金」「土地は公有地」といったように事実上官立図書館だった公立図書館も、大幅な業務委託をきっかけに、その図式が崩れだしていた。しかし、前で言及したように、その目的が運営経費の安上がりで終わってしまっては何にもならない。まさに官製ワーキングプアを作るだけだ。官民の枠を超えた公共図書館の運営はどうしたら可能だろうか。

もうひとつの観点は、従来の公共図書館が、一見誰にでも開かれているように見えて、開館時間の設定や提供サービス内容によって実は利用できる社会層を制限してきたこと、さらに利用者についても、そのニーズや社会背景の違いを考慮せず、一律のサービス提供を前提とすることによって利用者間に不公正が生じているのではないか、それに対する回答を用意することだった。

公共性概念については、近年、政治学、哲学、社会学、経済学など様々な分野から新たな光があてられ、注目される研究テーマのひとつとなっている。それらの成果を図書館の公共性を考えるうえで生かしていくことは意義のあることだが、あくまでそれが現実の図書館運営やサービスの中に反映・具現化されなければ意味はない。その具現化が、まさに図書館経営なのである。

●図書館政策の形成

国レベルの公共図書館政策については、当然ながら一公共図書館長がすぐ何とかできるようなものではないが、そこが変わればいろいろなことがやりやすくなるのに、と思うことはあった。例えば、図書館法第17条「公立図書館は、入館料その他図書館資料の利用に対するいかなる対価をも徴収してはならない。」とあるように、いわゆる無料原則、正確には図書館資料の利用に対する対価の徴収を禁じた項目は、図書館サービスすべてについて有料サービス導入を禁じたものではないが、少なくとも図書館資料の利用については、付加価値性の高い、特定ニーズに応えるサービスを実施するための足かせになっていることは確かだ。

「価格」は、マーケティング4Pの重要な要素であり、単に収入を得るというのではなく、利用ニーズに応じたサービスの開発、サービス利用者や利用量のコントロール、サービスのブランド化など図書館経営面でも重要な機能を担うことができるはずである。その手段が封じられていることは、図書館経営を本気でやろうとする館長にとって大きな制約となるはずだ。ところが、日本の図書館界では、第17条の死守を言う人は多いが、その撤廃を主張する声はほとんど聞いたことがない。新しいサービスを開発していくうえで、制約を感じることはないのかと疑問に思う。それとも本の貸し出しさえやっていれば良いということなら、なんの不自由も感じていないというのが本音なのだろうか。

とは言え、他の文部科学行政分野、例えば公教育や大学運営などに比べると、図書館行政についてはほとんど国の規制が邪魔になるということはない。つまり、国にとって、規制をするほどの関心がわかない（重要度がない）のである。その裏返しとして、国レベルでの図書館振興策もほとんどないと言ってもいいだろう。補助金行政がほんとうの地域振興策になっているのか、むしろ地域の自主性を奪うという点でマイナスの振興策になっているのではないか、という指摘が近年目立つことを考えると、図書館政策の無策も悪いことばかりではないかもしれない。しかし、実際に図書館振興を国の重要施策として推進している諸外国の例をみたとき、国のリーダーシップ発揮の重要性はやはり疑いの余地がない。国が果たすべき図書館界全体の底上げあるいは先導的な事業開発について、図書館人の側から現場にとって「有効な」施策の提案を、国会議員など図書館行政に影響をもちうる人たちにしていく必要がある。

冒頭で、一図書館長が頑張っても……と書いたが、10年以上のキャリアをもち、図書館業務で全国に先駆けるような実績を積んだ公共図書館長が10人、20人と増えてくれば、国レベルでの図書館政策に影響を与えることは決して無理な話ではない。図書館内で一番の専門家であるはずの館長が、一般職の1、2年のローテーションで異動してしまうような現在の状況をどうすれば変えられるかを館界で真剣に論議するべきだろう。それとも、素人館長1人が公務員で、残りは非常勤職員と委託職員しかいなくても、「直営」の看板さえ残ればいいと考えている人たちが多いのだろうか。

私が千代田区で変えたかったのは、何より地方行政レベルでの図書館行政である。そもそも最初に千代田区への出向の話があったとき、関心を引かれたのは、公共図書館長を経験でき、しかも新装開店の計画づくりを担うことが第一だったが、図書・文化財課長として、図書館運営だけでなく、図書館行政の担当者でもあるということだった。他に博物館・文化財行政を担当することも、面白い、何かできそうだと感じた。

図書館行政では、二つのことをする必要があると感じていた。ひとつは、多くの自治体で公立図書館行政＝図書館運営となってしまっている現状をおかしいと思っていたことに起因するが、新千代田図書館の計画・運営と合わせて、区全域での図書館サービス計画策定や関連機関支援、読書振興、情報資源管理政策等に同時に取り組まなければ、新千代田図書館構想そのものも不十分なものになってしまうと考えたことがある。しかし、実際の地方行政の枠組みの中で、特に着任時の千代田区立図書館は教育委員会事務局の所管だったため、教育行政との関連で何をどこまでやれるかの具体的イメージをもっていたわけではない。

もうひとつ必要を感じていたのが、そのような図書館行政を区全体の行政のどこに位置づけたらいいかという問題だった。もう少しはっきり言えば、図書館行政を教育行政の枠内で行なうことには無理がある、あるいは今後の発展の芽を摘んでしまうと思っていたので、新しい位置づけを考えたかった。ただ率直なところ、この時点ではまだ明確なビジョンをもっていたわけではなく、図書館行政を文化・知的情報資源政策という大枠の中に位置づけるという概念を得たのは、千代田区での図書館・博物館・文化財行政の実践を通してである。その意味でも、千代田区での経験は私にとって大変貴重なものだった。

●新しい公共図書館の運営

それでは、私が新千代田図書館をどのような図書館にしたかったかということだが、簡単に言ってしまえば、前節で指摘したことの逆、つまり、貸出サービスや児童サービスに偏重することなくサービスの幅と深みを拡大し、利用者層の拡大と選択を行ない、司書だけでない幅広い専門スタッフを確保し、千代田区の特徴を生かした千代田図書館独自のサービスを恒常的に開発・提供し、従来の図書館協力の枠を超えた文化・学術・情報分野関連機関との連携による外部資源を活用し、それらを可能にするために最適の経営形態を選択し、そのことを通じて都市型公共図書館の新しいモデルとなることだった。

以下、それをもう少し具体的に述べることにしよう。

①公共図書館サービスの可能性の追求

図書館法第3条（図書館奉仕）で公共図書館が取り組むべきとされるサービス項目は、私はなかなかよくできていると思う。もちろん、法律制定時の社会状況や情報・メディア環境の限界があり、現代のネットワーク環境やICT技術、図書館情報学理論の成果等を反映させて各項目内容を読み直す必要はあるが、現在でも公共図書館が取り組むべきサービスを概ね列挙できているのではないだろうか[8]。そしてその条文のどこにも資料の館外貸出がすべてのサービスに先立つ本質的なサービスとは書いてないのである。第3条の最大の問題点は、当時としてはやむを得ないのだが、自館の所蔵資料を前提にすべてのサービスを組み立てていることだ。しかしそれは、サービスの基盤として図書館内外の情報資源活用を前提に置き換えればいいことだろう。私が不思議に思うのは、第17条（入館料等）の順守にこだわる図書館界の人たちが、なぜか第3条の順守に対しては頰かぶりし、貸出以外のサービスは余裕があればやればいい程度で済ませているということだ。

新千代田図書館基本計画策定時、文化活動、各種支援サービス、情報提供サービスなど新図書館で新たに行なうべきサービス内容を私が考えるにあたって、特にこの第3条の各項目を意識したわけではなかったが、開館後しばらくしてから、そういえばすでに法律に書いてあったことかもしれないなと思った次第である。

千代田図書館固有の資源（資料と職員）に加えて、外部の資源（情報と専門家・専門機関）を活用することによって、情報と知識の「創造」につながるようなサービスであれば、とりあえず可能な限り何でもやってみよう、というのが私のスタンスだった。うまくいけばそこに資源を再投入し、当然うまくいかないこともあるだろうが、その場合はさっさとやめて、資源を回収すればいい。できるかできないか長期間検討している暇があれば（つまり時間と人という重要な経営資源を無駄にしていることを意味する）、トライアル&エラーでいこうというわけだ。トライしてみる価値があるか否かの重要な基準は、そのサービスが利用者に提供されることによって新しい社会的価値を生むか、また逆に図書館側にも新しいニーズ発見・知識創造の機会を与えるか、だと考えた。千代田図書館を、商品としての本や雑誌を消費するだけの場にはしたくなかった。全国一と言っていい、千代田区の豊富な文化・知的情報資源を発信していく場にしたかったのである。

②利用者層の拡大とそれに合わせた新サービスの提供

あらゆるサービスの中でも図書館サービスは、利用者一人ひとりのニーズ・要求がまったく異なる情報・知識を扱っているにもかかわらず、多くの公共図書館では利用者を「一般利用者」とみなし、「一般的サービスとして」の貸出サービスに特化することによって、事実上特定の利用者層を選択してきた。これを改めることが何よりまず必要だと思った。さすがに個人ベースのサービスをいきなり展開することは難しいので（しかし、それはめざすべきことであり、また実際に可能だと思う▼9）、そこに至る第一歩として、利用者（潜在的利用者を含めて）のグループ分け、マーケティングでいうセグメント化をしなければならない。そのうえで、各セグメントに合ったサービスを開発・提供することが、無料貸本屋から脱皮するための不可欠の手段である。当然ながら、図書館の資源には限りがある。各図書館の使命と経営方針に従ってセグメントを選択し、優先順位をつけなければならない。「選択」は今後の文化・知的情報資源サービスの中で最も重要な要因でありながら、現場図書館員の多くがこれまで忌避しようとしてきたことである。

③専門スタッフの確保とサービス開発力の保障

前記①②も、館長以下の専門スタッフが存在してこそ可能で、それが確保できなければ絵にかいた餅である。新千代田図書館の改革がこの一点にかかっていることは最初から意識していた。そしてそれが従来の千代田区立図書館で行なっていた定期的ローテーションによる一般職公務員の異動と非常勤・委託職員司書の組み合わせでは不可能なことも明らかだった。着任して現場の職員構成の難しさを見聞し、それをますます強く実感したが、率直に言って、どういう方策が可能か、千代田図書館就任時にはまだ答えは用意できていなかった。その当時、指定管理者制度の概要は知っていたが、それを図書館経営と結びつける形で認識していたわけでもなく、実際の図書館運営の中でいろいろな可能性を探求するしかないと考えていた。しかし時間はあまりなかった。

はっきり意識していたのは、専門スタッフとは、司書資格があるかないかの問題ではないということだ。図書館に何の関心もない、図書館（情報学）の知識もまったくない人よりも、司書資格があることは最低限の品質保証になることは確かだが、私が求めていたレベルはそのようなものでないことは、すでに述べたとおりである。個別の主題分野の知識に加えて、図書館情報学及び図書館サービスの特定分野についての知識と経験を持ち、教養ある大人の利用者に応対できる「本来の」司書がほしかった。また、図書館サービスの大部分が図書館システムに頼る現状と発展する情報・メディア環境への対応を考えると、たまたまパソコンが得意な司書がいて幸運だった、というようなレベルではなく、情報システムの専門家が不可欠だと考えていた。ほとんどの公共図書館（実は自治体本体も）がなおざりにしているPRの専門家も確保したかった。ほんとうはマーケティング専門家も必要だが、そこまで欲張れないだろうなという感じだ。何より重要な課題は、開館直前に離任予定だった私の後任として、新千代田図書館の本格的運営を担う館長をどうやって確保するかの問題だったが、この時点ではまだ目途はなかった。

④各種機関・専門家との連携・協力

私がそもそも「千代田区」での新図書館構想に興味をひかれた大きな理由は、都市型公共図書館の新しいモデルが必要になっているという図書館界全般における課題の認識に加えて、一自治体内公共図書館の限りある資源（資料、人材、設備、資金等）にこだわらず、地域の文化・知的情報資源全体を活用するセンターとして公共図書館を機能させることはできないかという問題意識があった。その意味で、千代田区はベストの条件にある。非常に単純化して言っても、国会図書館や明治大学・日本大学などの大学図書館、出版社、書店、古書店等が所蔵する本の総量は、一自治体としておそらく日本一ではないだろうか。

しかしそうした物的資源以上に私が注目していたのは、これも全国一と思われる人的資源の量と質だった。出版・流通や大学を含む文化・学術関係者はもとより、区民こそ5万人にも満たないが、80万人を超す昼間区民（千代田区への通勤・通学者をこう呼ぶ）は単に数が多いということではなく、区内に優良企業や行政官庁が集中する特徴を考えると、高い知的レベルを期待することができるはずだ。彼らに図書館の優良顧客になってもらうことはもちろんだが、それにとどまらず、図書館を場として新しい情報・知識の創造に関与してもらうことができないだろうか、それを可能にする仕掛けづくりを図書館がする必要があると考えていた。具体策を思いついていたわけではないが、神保町との地理的近接性もあり、出版・流通関係者との連携にまず取り組むことは決めていた。こうした地域情報資源の活用は、その地域特性に合わせて、すべての公共図書館で適用可能なことではないだろうか。

⑤利用者と職員の意識改革

従来のいわゆる貸出中心主義の最大の問題は、利用者と図書館職員、さらに非利用者を含めた社会一般に、「公共図書館とは本をただで借りるところ」という固定観念を与え、図書館法第1条にも定められている「国民の教育と文化の発展に寄与する」公共図書館の可能性を奪ってしまったことだ。それが一部に、本を貸す作業さえやっていれば職務を果たしていると思っている図書館員と、ひたすら自分の要求（資料購入や予約処理）に素早く応えることが図書館の責務だと思い違いをする利用者を生むことになったのではないだろうか。公共図書館スタッフと利用者の関係は、ファストフード店の販売員とお客との関係とは根本的に異なる。ハンバーガーを渡すように本を渡せば終わる関係ではなく、相互交流を通じて新しい文化・知的情報資源をつくりだすために、図書館及びそのサービスを発展させる協働関係にある。そのような認識を図書館スタッフに、そして利用者・潜在的利用者にも持ってほしい。しかし、それはスローガンとして掲げれば実現するようなことではなく、具体的なサービスや図書館事業を通じて、スタッフと利用者に少しずつ理解してもらうしかない長期戦になるはずだ。おそらく最初はこれまでの図書館利用者からの不満と批判、さらにはスタッフからの反発もかなりあることを覚悟しなければならない。一方で、この新しい理念に共感してくれる利用者（あるいはこれまでは図書館を利用しなかった人たち）や関係者もいるはずだ。

⑥図書館経営の改革と新しい組織文化の導入

地方自治行政の中で行政サービスという言葉はかなり定着してきたが、許認可事務や行政計画策定をサービスと感じる住民は少ないはずだ。一方、公共図書館サービスは、もっと民間サービスを見習ってほしいという住民からの要望・批判が珍しくないように、サービスとしての認知度は高い。しかし本当に民間並みのサービスを実現するためには、公務員の意識改革のレベルではなく（それも重要だが）、公立図書館における経営形態と経営手法の改革が不可欠である。特に公務員制度と財政制度は、図書館のスタッフ・予算・会計という人的・財的資源を決定的に条件づけているため、法律改正という地方公務員には手の届かない手段によらずに、どこまで現実の運用・仕組み作りによって制約を突破できるか、私にとって大きな課題だった。

例えば、税金だけに頼らない財源の確保は、運営資金を豊かにするという側面だけでなく、民間を含めた多様な資金源を確保することによって、官民を横断した「公共性」に基づく本来の公共図書館としての性格を明確にしていく重要な意義がある。寄付金の募集、有料サービスの導入、広告収入など様々な方策がありうるが、地方自治体行政の枠内でそれらをどう実現していくかは、実際に試みてみなければわからないことも確かだ。スタッフの多様性確保も同様である。

こうした経営改革を通じて、日本の図書館現場にしみついている（と私が思う）現状肯定的図書館中心主義（現状のサービスをきちんとやっていれば、これからも利用者は満足してくれるはずだという信念）を打破する必要がある。それは、業務とサービスを常に見直し、住民や各種ステークホールダーと協働して新しいサービスを生み出すことが日常的活動となっている組織へと公共図書館を変えていくことである。「常に変化していく組織」、それが情報や知識を扱うことが主眼となっている組織の文化となるべきだろう。

⑦公共図書館イメージの改善とステークホールダーとの関係強化

学界、経済界、政界、官界、ジャーナリズム、出版界など、これまで私がいろいろな分野の方とお話しする中で感じたことがある。それは、日本ではある程度の社会的地位や社会的影響力をもつ人たちの間で、図書館、特に公共図書館のイメージが良くないということだった。もちろん公共図書館をフル活用し、肯定的イメージをもっている人も少しずつ増えている感じはするが、それは少数派で、特に社会的地位の高い年配者やバリバリ仕事をしている中堅層に否定的イメージをもった人が多いような気がしている。図書館界では、彼らが公共図書館の現状を知らず、また使ってもいないのがいけないのだと論難するだけで終わりがちだ。しかし、カビ臭い古い本が並ぶ書棚と分厚いレンズの眼鏡をかけた暇そうな司書のイメージであれ、本屋で買うべき軽い小説やタレント本を無節操にただで貸すために機械的な作業をしているカウンター作業のイメージであれ、彼らの何らかの経験や印象から得たイメージは簡単に変わるものではない。公共図書館の側から積極的に新しいイメージを提示して、認識を変えてもらう努力が必要だ。そうしない限り、図書館の予算や職員が削られ、安上がりの委託になってしまう、といくら図書館現場でぼやいたところで、社会的影響力をもちえないだろう。

イメージを変えるということは、しかし表面的な印象をよくするということではない。図書館の基本的なあり方を変えて、これまでと異なるサービス・業務を提示できてこそイメージは変わるのである。私は千代田図書館を、出版（紙だけに限らない）を含めた学術文化の発展、地域の文化・知的情報資源の発掘・創造・保存と国内外への発信、情報・知識を媒介とした地域に関わる人々の交流の場として機能する公共図書館へと変えたかった。それが公共図書館全体のイメージの変化につながることを願っていた。

改革できたこと、できなかったこと、改革途上のこと

私が千代田図書館の運営に直接関与できたのは1年間だけで、あとは準備期間だったが、その短い間でも、思ったとおり（あるいは思った以上に）変えることができたこと、改革は難しいと改めて実感したこと、手はつけたけれど、成果になるのはこれからの努力と運次第ということなど、いろいろである。以下では、第1章で紹介した千代田図書館の現状と重複し

ない範囲で、それらを幾つかの側面に分けて振り返ってみたい。

●図書館サービス

千代田区立図書館指定管理者の指定期間は5年間であり、指定に先立って策定した区立図書館整備基本計画でも、新千代田図書館で行なうサービスは、5年をかけて展開していくものとしていた。指定管理者の応募にあたっても、5か年かけてどのように段階的に整備していくかを提案してもらった。そうはいっても、具体的なサービスのイメージ提示は、私も応募した指定管理者も3年程度までが精一杯で、4、5年目はその成果を見ながら考えるという感じだった。そこで、例えば、区民や区内団体の情報資源作成支援を、5年内で果たすべき新規サービスのひとつに掲げていたが、計画策定時点ではまったく業務実態のない「理想」だったので、開館当初の実現目標からは外し、最終年に実施できればいいというように、整備計画で盛り込んだサービス実現目標を当初、中期（3年目ぐらいまで）、最終の三つの時期に分けて考えた。

千代田図書館のめざすサービスの当面の方向性を、「千代田ゲートウェイ」「創造と語らいのセカンドオフィス」「区民の書斎」「歴史探求のジャングル」「キッズセミナーフィールド」という五つのコンセプトにまとめ（第1章参照）、わかりやすく提示できたのは、指定管理者、特に全体の企画を担当したSVの功績と言ってよい。そして、それぞれの分野で新規サービスを開発し、それによる新しい顧客を獲得できたことは成功だった。当然ながら、予想以上にうまくいったもの、期待値をかなり下回るもの、ほぼ想定どおりだがその維持にかなりの労力を要したものなど、サービスの達成度・効果・効率は様々だが、開館準備あるいは開館後の繁忙な諸作業と通常の図書館サービスをこなしながら、これだけ多様な新規サービスを実施できたことは評価されていいだろう。指定管理者制度が図書館にふさわしくないと主張する人たちは、ではなぜこれまでの多くの直営図書館では千代田図書館で行なっているような新規サービスの開発ができないのか、説明する責任があるのではないだろうか。

○うまくいったこと

重点を置いていたサービスのうち、ほぼ想定どおり、あるいは想定以上の成果を上げたサービスとしては、閲覧サービス（ファシリティサービスを含む）、コンシェルジュサービス、展示サービス、サポーターズクラブ、小学校等への司書派遣などがある。当初想定していなかったが、田中新館長の提案とスタッフの努力で開館初年度途中に開始したWeb図書館サービスもこの中に入れていいだろう。

一般的に閲覧サービスと言う場合の中心となる開架資料の整備・提供については、残念ながら私の在任中には大きな前進がなかった。新千代田図書館の開館当初、そして現在でも変わらない最大の批判として、開架資料の少なさと古さがある。しかし、その責めを現在の指定管理者に負わせるのは筋違いで、旧図書館での蔵書構築の失敗（一方、さらに古い時代の閉架資料の質の高さについては既述のとおり）とスペースの制約について、すぐにどうにかなるものではない。また、整備計画の中で考えていた開架資料展示の仕方の大幅な刷新（NDC配架の廃止、各棚における資料選択・展示機能の向上等）▼10は、ほとんど手つかずで、各棚の担当者を決めた程度にとどまった。わずか一か月の準備期間で旧館から新館への資料移転・配架等を行ない、その後も想定の3倍以上の入館者への対応、新規サービスの立ち上げ等に忙殺されたことを考えるとやむをえないが、図書館としての本質的サービスに関わる部分なので、今後の整備を期待したい。

しかし私が閲覧サービスという場合、開架資料の提供だけが中心となるわけではない。図書館という場を使って読書・学習・調査研究をする前提となる環境整備を重視した。それが各種図書館サービスを利用するうえでの基盤となるからだ。

貸出中心主義の表れか、あるいは単にスペースがないだけなのかは不明だが、資料を借りだしたらさっさと帰れと言わんばかりの、館内の居心地が悪い都心の公共図書館は少なくない。それに対して、スペース的には大きな制約があったが、千代田図書館ではなるべく利用者の滞留時間を長くして、図書館の各種サービスを利用してもらうための基盤となる閲覧サービスを重視していた。それが「区民の書斎」や「創造と語らいのセカンドオフィス」の基本となるコンセプトである。限られたスペースの中で机、椅子、照明、無線LANなど設備面での充実を図るとともに、旧図書館で目立った非正規利用——睡眠を目的にした来館、他の利用者の迷惑になったり不快感を与えるようなマナーの悪さなど——が新図書館で再現しないように、館の幹部職員が毎日個別に対応していった。私も1年間ほとんど毎日館内を巡回し、問題のある来館者には口頭で注意を喚起した。居心地のいい快適さ、これが読書や調査を行なうための前提だと考えたのである。私が離任して2年近くたち、その後改めて館内を2回ほど続けて見て回る機会があったが、館内の良好な環境は保たれているようだ。こうした環境維持は、良質な利用者を確保する意味でもきわめて重要なのである。

「良質な利用者を確保する」ことは、新千代田図書館改革の要と考えていた。良いサービスを行なっていくためには、それをきちんと理解し、評価できる良い利用者の存在が不可欠である。提供者と利用者の相互作用によってサービスの質は高まり、公共図書館という場で、本来の「公共」サービスとして成熟していくことにつながるのである。それができなければ、サービスの質は低下し、「公共」図書館と言いながらも、声の大きい個人の私益を追求するだけのサービスになってしまうと私は思っている。

その点で、新図書館では利用者の質は大幅に改善した。それは館内を巡回すればすぐわかる。午後10時までの開館時間延長も功を奏し、良質な新規利用者が増えたことは2008年に行なったインタビュー調査でも明らかだった。しかしそれだけではまだ出発点に立っただけである。図書館スタッフと利用者の協働によるサービスの向上は、これからの課題だろう。

サポーターズクラブは、まさにそのような図書館スタッフと利用者の協働の場として実験的に機能させることを狙って発足させたものだった。役所が組織する市民ボランティアにありがちな、役所の人手不足を補う体のいい無料アルバイトとして、職員の仕事の補助作業をするのではなく、職員と一緒に図書館業務・サービスの企画立案と実施を担ってもらう、あるいは彼ら単独で、図書館という場所と資料を使って事業やイベントをやってもらうことを考えていた。

このように、ある程度の知識・経験や専門性をもった人材を前提とし、また何をやるかまだわからない会にいきなり入ってくる人もいないだろうということで、開館後しばらくしてから区内の出版関係者、学識経験者等に図書館側から積極的に呼びかけて会を発足させた。そのため、私が当初考えていたのは、出版関連のイベント・事業を図書館と一緒になって企画・実施してもらうことだったが、その後「ジャングル探検隊」の編成、神田雑学大学との連携などによる内田文庫等旧蔵資料の発掘・解題に向かうという別の展開を見せた。これはこれで大成功となり、冊子刊行、関連展示、一連の講演会開催などの成果を上げた。自館蔵書をもとに、ドレークや新島襄《にいじまじょう》まで取り上げたイベントトーク「航海秘話シリーズ全6回」を開催できるような公共図書館はあまりないのではないだろうか▼11。そのサポーターズクラブも、諸事情により平成20年度で終了してしまったようだが、それに代わる新しい仕組みをぜひ考えてほしいものである。

○思うようにはいかなかったこと

重点事業と考えていたにもかかわらず、所期《しょき》の目標達成とはいかなかったのが、新書マップと有料サービスの導入である。

新書マップについては、高野教授グループ（国立情報学研究所）や指定管理者のシステム担当者の努力によって、開館時の公開に何とか間に合い、新図書館の目玉商品としてジャーナリズム等の話題性は高かった。そうした物珍しさだけではなく、想検索やＩＣタグの活用という新書マップのコンセプトは、私の考える新しい図書館情報世界を一部体現しているという意味でも、新千代田図書館にとって本質的なサービスのはずだった。しかし開館後の１年間でその真価を十分に発揮させるまでには至らなかった。

　その理由は主に二つあった。ひとつは、開館前の準備段階で、新書マップを十分活用できるサービス企画が図書館側で作れなかったこと、何よりそのために高野教授グループとある程度専門的な打ち合わせを行なえる職員が確保できなかったことが大きい。新図書館になってから指定管理者によって配置された図書館システム担当者の一人でも企画段階の最初からいてくれれば、ずいぶん違った展開になっていただろう。しかし、区役所の通常の人事でそのような人材を得ることは困難だった。このことも指定管理者導入の大きな理由である。

　もうひとつの問題は、新図書館での提供を始めてから、新書マップを通常の図書館サービスの枠組み（レファレンス・サービスや情報リテラシー習得プログラム）に位置づけてサービスする体制を作れなかったことがある。そもそも、４月になって初めて配属された指定管理者の司書部門の人たちにとっては、「新書マップとは何か」から始めなければならなかった。利用者にとってはなおさらで、特注の円形テーブルに新書３０００冊とＭａｃ12台が並んでいるという壮観に、入館した利用者は一瞬ドキッとしてくれるのだが、「ご自由に使ってみてください」では、従来の検索システムと発想を１８０度転換した新書マップの本質を理解してもらうのは難しかった。これまでの検索システムと何が違うのか、どう使えば有効なのか、図書館側のサポートが不可欠だったが、その体制を組むことができないままになっていた。それがようやくフロアサービスの体制や業務処理が落ち着き、新書マップ活用支援の体制を整えて2年目を迎えようとした矢先に起きた事件については、第1章で述べたとおりである。

有料サービスの導入は、いろいろアイディアは出したが、実行に移せないまま終わってしまった。図書館サービスの有料・無料の是非に関わる神学論争に巻き込まれる以前に、制度面・技術面・運営面で具体的方策を詰め切れなかったのが実際だ。図書館サービスは無料であるべきという理念的主張を別にすれば、有料サービスに反対する論者の大きな理由の一つに、収入の増大を目的に利用料を取っても、徴収コストはそれなりにかかるが、料金で賄える図書館の運営資金の割合はわずかであり、利用者の離反を招くだけというのがある。ある面ではそのとおりである。私が有料サービス導入の必要性を訴えるのは別の理由による。

その最大の目的は、①サービスの高度化・多様化・選択化の推進と図書館非利用者を含めた区民と非区民の費用負担公正化の両立を図ること、②質・量にわたるサービスの拡大再生産サイクルを可能にすること、の二つである。それは、サービス政策の一環という観点と財源確保に関わる経営的措置の両方に関係している。

図書館の持てる情報資源を最大限活用するという観点からすれば、利用者及び潜在的利用者の様々なニーズに応えて付加価値性の高いサービスを提供していくことは公共図書館自体の質を高めるうえで不可欠の要件であるが、それらすべてを既定の予算で賄うことは不可能である。また、特定利用者への高度なサービスを提供するために、図書館非利用者（一般に住民の7割もいる！）を含めた住民が負担する税金で、そのコストすべてを賄うことは社会的な不公正を生じさせてしまう。しかしだからと言って、すべての利用者に対して一律に提供できる最低限のサービスで満足している限り、図書館にも利用者にも進化はない。与えられた予算の範囲で本を買い、貸していればいいという無料貸本屋にしかならないのである。自分たちの創意工夫のなさを棚に上げて、「十分な予算を認めてくれないから理想のサービスができない」と、理事者や議員の図書館への無理解をなじっているような図書館員に未来はない。

利用が増えれば収益が上がり、それをさらにサービス資源として投入できる民間サービスと違って、職員が頑張ってサービスの利用が増えれば増えるほど、職員は忙しくなるだけで、給料も変わらず、要員も予算も増えないまま、自分の首を絞める結果になるというのが、公共サービスに共通の問題であるが、それが典型的に表れるのが、住民利用が最も多い公共施設である図書館と言えるだろう。その点については、直営であれ、指定管理者制度であれ、違いはない。その結果、もうこれ以上の利用増には対応できない、対応したくない、ということになってしまう。追加コストを賄う程度の料金徴収は、サービスが負のスパイラルに陥らないために必要な措置なのである。

有料サービスの導入が千代田図書館で当初から実施できなかった大きな理由は、具体的に検討できる時間が不足し、実施できる体制をつくれなかったことにある。まずは開館時に提供できるサービスメニューを揃えることに手一杯だった。

例えば、利用者について、区民、区内通勤・通学者、それ以外の人、の3種類に図書館利用登録を分け▼12、後の二者からは利用登録料を取るとともに、例えば区民なら無料の予約サービスも、それ以外の人は有料にするべきだと私は考えていた。これは旧図書館の方針を大きく変えることでもあり、図書館法の規定においても問題となるおそれがあり、制度上の検討が不可欠だった。また、個人デスクとして利用できるキャレル席の有料化は、制度的には問題がなかったが、予約方法、料金徴収方法、要員の手当てなど、運用面・技術面での問題点を解決している時間がなかった。他にもいくらでも候補となるサービスはあったのだが、時間切れを迎えてしまったというのが率直なところだ。

図書館サービスの一部有料化は、これからの図書館の発展にとって重要な要因だと思う。しかし、図書館サービスは無料と信じ込んでいる利用者や職員自身の意識改革を含めて、これまで無料だったものを突然明日から有料にすることは難しく、リニューアルオープンでの変革の機会を逃したことは残念である。

●図書館経営

最初に千代田区図書文化財課長兼千代田図書館長に就任したときは、図書館行政と図書館経営の責任者を兼ねていたが、新千代田図書館開館に合わせた指定管理者導入に伴って、行政と経営の責任者を分離することになった。ただ誤解のないように言っておくと、私は図書館の行政と経営を分離することが一般的に望ましいと考えているわけではない。あくまで各図書館の置かれた行政上・図書館運営上の事情によって選択すべきことである。むしろ理想的には、図書館の専門家である中央図書館長が、その経験・知識をもとに、図書館行政を担うことが合理的だと思うが、「(単に司書資格を有しているということではない)本来の図書館の専門家である」館長が現在の日本の公共図書館にどのぐらいいるのだろうかと考えると、残念ながらその実効性にはかなり疑問がある。また、図書館経営の専門家が、必ずしも行政的・政治的なセンスがあるとは限らない。いずれにせよ少なくとも千代田区では、一般行政職の管理職の人事異動で着任した図書館の素人が館長を兼ねてきたこれまでの実績を考えると、私の離任後は両者を分離し、せめて館長に専門的人材を確保することが新図書館運営の必要条件だと判断した。

○うまくいったこと

指定管理者3社をとりまとめて全体的な戦略を考えるGMと実際の図書館運営に責任をもつ館長を別々に置いたことは、比較的うまくいった。企業でいえば前者が最高経営責任者、後者が最高執行責任者というわけである。特に菅谷GMは、指定管理者応募の提案書で評価ポイントを稼いだ新規サービスを中心的に考えた方だったので、それを実行に移すという継続性・整合性を担保する意味でもぴったりのポストだった。

そして経営上の何よりの成功は、館長を含めた専門的スタッフの確保ができたことだ。それが千代田区立図書館への指定管理者制度導入の最大の理由でもあった。これは以前の（一部委託を含む）直営時代にはあり得ないことだった。指定管理者制度にいろいろな問題点があることは確かだが、この点に関してだけでも、各自治体で真剣に導入を検討するのに値するメリットではないかと思う。残念なのは、これまでに指定管理者を導入した複数図書館をもつ自治体では、裁量権の限られる地区館（分館）だけがその対象となり、中央館は直営にとどまっていることが多いことだ。これではただの全面委託と同じで、中央図書館長ら自治体全域の図書館運営に責任をもつスタッフの人材確保はできないままとなり、何のための指定管理者制度なのかわからない。「安上がりだけを目的とした」と批判されても仕方ないだろう。

○思うようにはいかなかったこと

民間ノウハウの導入ということをよくいうが、公共機関にそれをうまく適用するためには、幾つか条件整備が必要である。千代田図書館では、図書館コンシェルジュなど、公務員ではとても発想できないような新しいサービスを始めることができた。その点では大いに成果があったが、マネジメント部門の合理化・効率化の面では思ったほどの効果をすぐには上げられなかった。そのためのプロの人材を確保できなかったという側面もあるが、収支報告など業務処理の諸手続きが、最終的には区役所の処理方法・制度に則って行なわれる必要があり、民間マネジメント手法を自由に適用できるわけではなかった。こうした制約をどのように取り除いていくか、もう少し実際の経験を積み重ねていく必要がある。行財政制度を変えなければどうしようもない側面もあるかもしれないが、運用上の工夫で合理化できる部分も十分あるはずである。その意味では、できなかったというより、これからの課題と言ったほうがいいだろう。

財源の多様化も、開館後1年間では、いろいろアイディアを出したところまでで終わってしまった。寄付金の獲得、命名権の販売、館内施設・ホームページ上の広告使用料、有料サービスの導入、図書館グッズの販売など、それぞれ多少なりとも検討を行なったが、制度面・運用面で解決すべきいくつもの課題があり、初年度のサービス展開のあわただしさの中では、じっくり、ひとつずつ取り組むことができなかったというのが本音である。その後、平成20（2008）年度後半になって、ホームページ上の広告募集が始まったようだが、今後も区と図書館が一緒になって検討を進めてほしいものだ。財源多様化の問題は、ただ単に図書館の収入を増やす手段というより、例えば民間からの寄付金の獲得・拡大のように、公共図書館の「公共性」そのものに本質的に関わってくる、重要な課題である。

指定管理者が単独の会社ではなく、3社の連合体になったことによって、当初から様々な困難の発生が予測された。それでも、私が望んでいたような新しい公共図書館像の実現は、当時現存していた図書館委託を専門的に受注し、それなりの運営経験・ノウハウをもっている会社であっても、単独で担うことは不可能だったことは確かだ。指定管理者に応募した各社提案をみても、大半の応募者は私の構想の意図を理解する能力（または意欲？）がなく、これまでどおりの貸出中心図書館に多少の「おまけの」新規サービスが加わった程度だった。その意味では、従来の図書館業務委託会社以外が加わった複数社体制は不可避だったし、人材の確保を筆頭に、それぞれの強みを生かすというメリットは大きかった。しかし一方で、3社の経営方針、組織風土、人材等の違いによるきしみ、問題の噴出はたびたび起こり、その都度対処していくことになった。何事にも中立的な印象のSPSを真ん中に挟んで、SVとVxは両極端ともいえる組織風土をもち、その違いが運営上の様々な問題に反映した。難しいのは、現場の図書館スタッフの相互理解・融合のレベルだけでなく、むしろその背後にある会社組織の利害調整が必要だったことだ。

Vxの場合、すでに東京区内を中心に、図書館業務委託の実績を積んでいた。わずか1か月の準備期間で旧図書館から新図書館への移転、開館準備ができたのも、そうした経験の蓄積やスタッフの厚みに負うことが大きかったと思う。しかし経験がマイナスに働いた部分もあった。つまり委託業務の経験を通じて、「公共図書館とはこんなもの」という既成概念があり、私の考える新しい公共図書館理念とそれを具現化する機能について、なかなか理解してもらえなかった。また、やむを得ないことだが、従来のカウンター業務を中心とする図書館業務委託に合わせた業務体制も、新しい千代田図書館の体制にすぐには馴染めなかった。

一方SVは、企画を売りにするコンサルティング会社であり、図書館の実務経験がないことが幸いして公共図書館を新しい新鮮な観点で見ることができた。それが様々な新規サービスの提案につながったと言ってよい。しかし基本的にアイディアを売るのが仕事で、図書館実務の一部を担う（それに見合ったスタッフを確保する）ことは、かなりの負担だっただろう。

館長を含めた企画・システム部門をSV、図書館サービス部門をVx、広報・コンシェルジュ部門をSPSで分担した。これを1社で担えるような委託先はなかったし、仮にどこかの図書館業務委託専門事業者が無理やり1社で受けたとしても、とても新千代田図書館で上げたような成果は期待できなかったはずだ。しかし当然ながら図書館はひとつのまとまった有機体として活動する必要があり、今後も一つひとつの新しい事業・サービスの実現を通して、3社を横断した連携体制を進めていくしかない。

●図書館行政

図書館経営と図書館行政の分離と役割分担の明確化は、指定管理者制度を導入する場合には、本来不可避なことだが、実際にそれが意味をもちうるだけの制度運用を行なっているのは千代田区立図書館など全国では少数派である。中央館はそのまま直営で残し、地区館だけを指定管理者で行なっているのは、私から見れば地区館業務の全面委託に過ぎず、同制度の趣旨を理解していないか、別の思惑があってあえてそのように名乗っているかのいずれかである。

○うまくいったこと

区立図書館の運営と一緒にされて紛れていた、あるいは運営だけで終わっていた図書館行政の役割を明確化し、千代田区行政全体における位置づけをしたうえで、これまでの地方行政にはない新しい組織をつくることができた。

従来日本の公共図書館行政については、図書館運営や来館者への直接サービスの巧拙を評価することに自治体及び住民の関心が集中し、それを含めた自治体全域での図書館サービスの充実や各種図書館関連施設支援・連携、読書・メディアリテラシー普及活動推進、出版関連機関支援など図書館行政固有の責務が十分認識されてこなかった。千代田区では、図書館への指定管理者制度導入がそれを明確化するよい機会になったが、それ以前からこの点については、私はかなり意識をしていた。そこで着任早々手がけたのが、子どもの読書活動推進法や東京都の子ども読書活動推進計画を受けての、千代田区としての計画作りだった。

着任当時、法律や都の計画を受けて、3分の1程度の特別区で子ども読書活動推進計画が策定済みまたは策定中だった。しかし千代田区では、所管課を含めてまだまったく未着手の状態で、もともと読書活動推進や図書館振興に関心のある一区議が、議会で策定の必要性を訴えた程度であった。多くの区市町村では、「子どもの読書」という趣旨から、推進計画策定の中心には学校教育を所掌する課がなるのが普通だが、学校だけが読書の場ではないし、読書活動推進の対象は子どもだけではないはずだ。また、テレビやインターネットを読書の妨げになると敵視するのではなく、読書との使い分けができるようにすることのほうが重要だと考えた。学校の先生ばかりに推進活動の責任を負わせないで、保護者を含めた地域住民、出版・メディア関係者等多くの人たちに関わってほしかった。そこで、区組織の中で、読書・情報に深く関わり、年齢を問わずすべての人に開かれた公共図書館が推進活動の中心的役割を果たすことが望ましいという観点から、図書文化財課が推進計画策定の所管課となることを教育委員会事務局で提案し、認めてもらった。このことによらず、私の在任3年9か月の間ずっとご一緒することになった千代田区の若林教育長（当時）は、区教委事務局の誰よりも考え方が柔軟で、新しい取り組みに対して理解があり、何かにつけて応援してくれたことは、私の励みになった。

その後、同じ教委の教育指導課や学校、保育園、児童館等の担当者の協力を得て、新図書館開館前に「千代田区子ども読書活動推進計画」を策定することができた。名称は「子ども」だが、大人を含めた区民全体を対象とするものになっている。また、計画遂行にあたって関係者の意見を反映し、積極的に関与していただくために、千代田区読書活動推進連絡会を設置し、区内の保護者団体、学校等教育関係者、出版・ジャーナリズム関係者などの参加を得ることにした。さらに、新千代田図書館の組織編成において、1年目の総務、サービス、企画・システムの3部門（その責任者をプロデューサーと称した）から、2年目はサービス、企画・システム、読書振興センターの3部門制にして、図書館が区の読書活動推進の中心となることを明確にした。区立図書館への読書振興センターの設置は、計画に盛り込まれていたことを実現したものだが、おそらく全国でも初めての事例ではないだろうか。また、区立の小学校、幼稚園、保育園、児童館すべてに図書館から司書を定期的に派遣し、学校図書館等の運営を通した読書活動推進を図った。

この事例は、区が基本方針作成と制度づくりを担い、それを実施する中心機関として図書館が機能するという、図書館行政と図書館経営の分担・協働のあり方を示しているのではないかと思っている。もちろん実際の運営にあたっては、細かい分担のあり方や相互の連絡・連携に様々な問題が生じたが（これからも生じるだろう）、それはその都度解決していくべきことで、問題がありそうだから取り組まない、ということにはならないはずだ。

さらに図書館行政を担う組織の改編も画期的だったと思う。図書館法が教育基本法・社会教育法の体系に位置づけられていること、具体的には地教行法（地方教育行政の組織及び運営に関する法律）の規定により、公共図書館行政は教育委員会の所管となっており、自治体の判断で勝手に所管を首長部局に移すことはできない。しかし、すべての分野の情報と知識の収集・組織化・蓄積・保存に関わる図書館が、教育・学習機能だけに限られないのは明らかであり、文化・産業・福祉・まちづくりなど行政施策各分野の基盤的役割を果たすものだと私は以前から考えていた。幸い石川区長も同じ考えをもっていたようで、図書館への指定管理者導入を機に、2007年4月から図書館行政の実質的担当を区長部局である区民生活部に移し、副参事（特命担当）のポストをつくっていただいた。重要案件・報告については教育委員会での審議・了承を必要とするという意味で、教育委員会所掌であることに変わりはないが、地方自治法で定める補助執行を区民生活部で行なうという形式をとった。その際、私が同じく所掌していた文化財・博物館行政についても、同じ理由で（行政や住民サービスの基盤となる情報・知識基盤の整備）併せて区民生活部副参事の所管としたかったのだが、教育委員や文化財保護審議会委員など関係者への説明の機会を十分取ることができないまま時間切れとなり、私が教育委員会事務局副参事（文化財担当）として兼務することになった。それも平成19（2007）年度中に関係者の理解を得ることができ、私の後任となる藤本副参事が区民生活部の図書・文化資源担当として平成20年度から着任した。さらに、平成21年度は都から千代田区に移管された日比谷図書館リニューアルオープンという大仕事があり、図書・文化資源担当課長に格上げとなったようである。

文化資源担当という職名は、全国的にも珍しいはずだが、それは名称の問題ではなく、行政上の概念として「文化資源」を位置づけたことに意義があったと思っている。当初は、図書館資料こそ文化資源の中核となるものなので、単に「文化資源担当」として、図書館資料・博物館資料・文化財を統合的に運用していくことを明確にしたかったのだが、図書が文化資源だと理解できるのはまだまだ少数派だからと区長に直接諭され、「図書・文化資源担当」に落ち着いた。

○思うようにはいかなかったこと

千代田区全体の図書館整備の方向性については、新千代田図書館の整備の大前提として、千代田区立図書館整備基本計画（2006年2月）の中で言及しているが、指定管理者導入・新図書館開館準備に追われ検討の時間が確保できなかったことと、そこで重要な役割を担うはずの都立日比谷図書館の千代田区への移管交渉が暗礁に乗り上げ、区の図書館サービスの全体像を描くための前提条件が整わなかったことも重なり、十分な将来計画とすることはできなかった。

図書館行政については、在任中は概ね組織・体制を整えるまでで終わり、区内全域サービスの確立、読書活動推進、出版文化振興、域内各種図書館支援等、その実質はこれからの施策展開にかかっているというのが正直な感想である。

もうひとつ、導入時から想定していた指定管理者の制度上・運用上の大きな課題が、実際の千代田図書館運営の経験でさらに切実な問題として明らかになったが、その解決は今後に委ねるしかなかった。問題の根は同じだが、表面に現れた問題は二つある。

そのひとつは、指定管理料の決め方にある。実はその問題が、指定管理者制度批判派が導入反対の理由に上げる低賃金労働者雇用にも関わっている。

指定管理者導入決定後の千代田区立図書館の指定管理料（費目としては従来の業務委託と同じように委託料として扱われるのが普通）を決定するにあたって、その原案は所管課である図書文化財課で策定し、財政課と折衝、そこで決まればいいが、妥協に至らなければ幾つかの段階を経て最終的には区長裁定に持ち込まれることになっていた。

図書文化財課での原案は、指定管理者3社と協議をしながら、区立図書館整備基本計画に盛り込んだ当面実施すべき機能や指定管理者から提案されていた事業、それを支えるために必要な人件費▼13やシステム経費など個別の経費をひとつずつ積み上げる形で予算要求額を積算した。他の予算要求でも同じだが、財政課との折衝の結果削られても最低限ここまでの金額は確保するという目安をつけて、当初予算額の要求を行なった。ところが、それまで財政課の担当者には区として定めた整備基本計画に基づいて新しい図書館で行なう事業について何度も説明をしていたにもかかわらず、以前の図書館での人件費分が民間委託で安くなる！という理由で算出した、私が考えた最低ラインをはるかに下回る財政課予算案が提示された。こうした政策的配慮のなさ、見識のなさにはあきれてしまった。しかし、自治体の一般的な財政担当者にとって、公立図書館は住民の文句が出ないように本を貸していられさえすればよく、公務員ゼロの全面委託（指定管理者制度のこと）になれば人件費の差額分は安上がりになって当然だ、という意識しかないことを実感した。最終的には区長裁定で、私が考えていたことをある程度まで実現できる金額を出してもらうことができた。その意味でも、新図書館は石川区長がいなければ実現しなかったことは確かだ。

いろいろな費目で減額はあったが、人件費、資料費、システム経費等必要経費を積み上げて決定したという基本的性格を予算はもっていて、そこに指定管理者の収入という項目は最初から入っていなかった。これは競争入札などによる委託料が総額で決まり、その中で受託事業者の利益を確保するという仕組みと同じだが、それはあきらかに矛盾を引き起こす。指定管理料が個別必要経費の積算額で決まっているとすれば、指定管理者はどこから収入を得るのだろうか。スポーツ施設や駐車場管理など、公的サービスといえども有料が前提のサービスであれば、その収益を指定管理者の利益とすることも可能だが、無料サービスが基本の図書館サービスでは、自治体側の予算措置が必要であり、本来その部分も明示的費目として予算原案に盛り込むべきであった。結局そのことが、指定管理料総額の中で事業者が収入を確保するために人件費にしわ寄せがいってしまう原因となり、区としては適切なポストに適切な給与を保障しているはずが、そこで働いている人にはそうなっていない、という問題を生じさせてしまった。

これを解決するためには、例えば必要経費の総額の何パーセントかを収入として上乗せするような委託料決定の仕組みが必要だったと思われるが、従来の区の委託料決定にそのような仕組みがなかったため、図書館予算でもそこまでの配慮をするには至らなかった。このような措置に財政法規上の制約はなさそうだが、実際には他の自治体でも前例がないため、千代田区だけでそのような仕組みを導入することは、議会での予算審議を考えてもかなりの困難が予想される。図書館等無料サービスが中心でほとんど収益が望めないような施設については、こうした指定管理料の決定方法を標準的な枠組みとして国（総務省）で提示するなどの工夫が必要だろう。

この問題の延長線上に、もうひとつの重大な課題がある。それは利用増に伴う追加費用の手当てと努力報酬の保障である。千代田区立図書館の指定管理料は、一定のサービス水準を想定して当初予算を決定しており、ある程度の利用増はそのリスク範囲として予算の中で対応することを前提にしていた。これが5%程度の利用増であれば、確かに工夫の範囲で済ませることは可能だったろうが、初年度の来館者が前年度比300〜400%となってしまうと、工夫の範囲を超えていることは確かだ。図書館のようなサービス業では、それが人件費増に直結してしまう。これを放置すれば、指定管理者がサービス向上を達成して利用が増えれば増えるほど、指定管理者の収入は減り、現場の職員が疲労するだけという絶対的な矛盾を生じさせてしまう。このような事態は、指定管理者制度導入時から想定されていたため、収益の算入などによって対応することを可能にした自治体施設も少なくなかったが、収益が期待できない図書館施設については全国的にもそれに代わる仕組みは考えられていなかった。しかし、今後の指定管理者による図書館運営の発展を考えたとき、サービス拡大・利用増の努力に報いる追加費用の保障と報酬制度は不可欠だ。逆にサービス水準を達成できなかった場合は、指定管理料の減額もあるだろう。そうでなければ、なるべく図書館に人が来ないようにするという逆方向のマーケティングを行なう事業者が出てきても不思議ではない。そして、報酬制度（あるいは減額制度）と指定管理者の運営評価を結びつける必要があるのは言うまでもない。

以上の問題は、理論的には当初からある程度は予想されていたが、実際の運営を通じてその重要性がますます明らかになったと思う。図書館や区の担当者だけで解決のつく問題ではないだけに、5年間の契約期間が終わり、次の指定管理者選定（現在の事業者を再指定することを含む）までに方策を考えておく必要があるだろう。

●社会的影響と組織文化の変革

千代田区立図書館である限り、まず区と区民・昼間区民のために貢献することは当然だが、それだけで終わらせたくなかった。公共図書館一般に関して、個人的にその現状に大きな不満を抱いていたし、社会的な図書館イメージ一般も、一部の利用者は別として、あまり積極的な評価はされていないと感じていた。特に各分野でそれなりの社会的影響力をもっている人たちと日ごろ接した感じでは、かなり否定的イメージをもっている人が多いように思われた。そういったことを変えたかった。その点については、千代田図書館の新しさをアピールすることによって、千代田図書館にとどまらず、公共図書館の新しい可能性についても社会的関心を惹起することがある程度できたように思う。

その成果は、具体的には新聞、テレビ、雑誌、ネット系ニュース等マスメディアでの露出度ではっきりしている。取り上げられた回数は、一般の公共図書館と比較しておそらく桁が二つ違うのではないだろうか。しかもその大半は好意的反応であり、それを象徴するのが、前章でも書いた『週刊東洋経済』(2007年8月11/18号)での「ニッポンで一番売れるサービス50」、サービス産業生産性協議会の選ぶ「ハイ・サービス日本300選第4回受賞」、総務省の「平成19年度地方行政改革事例集」、NPO知的資源イニシアティブによる「Library of the Year 2008 大賞」など、図書館界での評価ではなく、一般の民間サービスや行政サービスに伍して、その中から選ばれたことだろう。これは図書館界にとっても画期的なことであり、公共図書館全体を社会的にアピールしていくまたとない機会だった。しかし、旧来の貸出図書館モデルの枠組みから一歩も出られない多くの図書館関係者の感情的反発は、その好機をみすみす逃してしまった。

こうしたパブリシティには、話題になってよかったというレベルの話ではなく、関係者や区民（昼間区民）などの間に、図書館の利用者・潜在的利用者層を拡げ、図書館を支えてくれる人の理解を深めるという重大な効果がある。千代田図書館のコンセプトや新しいサービスは、「まちの図書館なんて暇人が娯楽で小説を借りに行くところ」のような印象をもちがちだった社会経済活動の中心にいる人たちの公共図書館イメージを変えた。

象徴的なことがある。千代田区立図書館に関わる重要事項は、教育委員会で報告し、場合によっては議案として審議していただき、承認を受ける必要がある。これは業務の所管が実質的に区長部局である区民生活部に移った後も変わりない。私の就任以来、諸計画の策定、条例改正、組織再編成、指定管理者制度の導入、新規重要サービスの実施など、それまで年数回が普通だった図書館・文化財関係の報告・議案が飛躍的に増え（教育委員に関心をもっていただくため、意図的に増やそうとしたこともあるが）、定例委員会の2回に1回程度は議題に上がることになった。その中で私の就任当初から教育委員である三菱地所の福澤武会長（現相談役）は、私の報告等に対して的確な質疑をいただくことも少なくなかったが、公共図書館の現状や今後のあり方に特別にご関心があるようには見えなかった。それが新図書館開館後半年ぐらい経った教育委員会終了後、会議室を去ろうとする私にわざわざ声をかけて「図書館、評判がいいですね」とおっしゃってくださった。これは大変うれしかった。福澤委員からは、千代田区立図書館の使命宣言を審議する際にも、貴重な指摘をいただき、そのご意見を宣言に反映させることができた。これはほんの一例で、教育行政、学校教育、ＰＴＡ、医療など様々な分野から出ている千代田区教育委員のすべてが、図書館・文化財の案件・報告に対して、ときには苦言を含めた貴重な質問・意見を提示してくださった。図書館の基本方針・施策を進めていくうえで、こうした検討・評価の機会を得て、必要な修正を加えていくことは、図書館人の独りよがりにならないためにも、とても重要なことだと思う。

図書館の使命宣言（ミッションステートメント）については、千代田区のように教育委員会で審議し、区として公式に決定した自治体は全国にもほとんどないようである。私は昔から不思議なのだが、多くの公共図書館で、貸出カウンターの後ろに日本図書館協会の図書館の自由宣言のポスターが貼ってあるのを見る。しかしこの宣言と当該図書館あるいはそれを設置した自治体とはどういう関係にあるのだろうか。自治体として自由宣言を守ると公式に宣言しているのだろうか。おそらくそうではないだろう。そのポスターを貼ることで、当該自治体の図書館関係者が主体的に論議したうえで使命を宣言するという責任から逃れているようにしか私には見えないのである。公共図書館を教育委員会の所管からはずすことに対して大いに批判的な図書館関係者たちは、各図書館の特色を生かした、独自の使命宣言決定に向けた論議を、なぜ教育委員会の場で堂々とやってもらおうとしないのだろうか。

パブリシティの効果は、外向けだけではない。外部のしかるべき人や組織に評価されることによって、千代田区立図書館で働く館長以下のスタッフあるいはそれを支える指定管理事業者3社に、これまでの図書館とは異なる、新しい使命をもった図書館であること、その使命を現実化する新しい高水準のサービスを提供する必要があること、それらを担うにふさわしい職員の知識・技能の必要性を認識して、千代田区の図書館で働くことに誇りを持てるようにしたかった。もちろんこうしたことは、処遇や研修、その他様々な要因が関係しており、パブリシティだけで実現できることではないが、幾つかの公共図書館を見て、職員の誇りのなさ、あるいは逆に根拠のない自信のようなものが気になっていた私にとって、常に革新的であるという図書館の新しい組織文化をつくっていくことが、これからの図書館の発展にとってとても大事なことのように思えたのである。

私と日常的に接していた図書館幹部や企画・広報担当者は別として、一般の職員にその考えがどこまで浸透したか、率直なところまだよくわからない。従来の司書教育を受け、現場の図書館経験のある司書たちにとって、1年や2年で千代田図書館の新しさを自分の感覚として身につけられるものでもないだろう。旧館の何倍もの利用者が来館し、新しいサービスを提供し続ける現場の職員にとって、そんなことを考えている余裕はなかったかもしれない。その実現は、職員個人の問題でもあるが、それを支える図書館組織と指定管理者3社、そして行政側の今後の取り組み方の問題でもある。

これからに期待すること

千代田図書館の課題や改善すべき点については、すでに前節でやり残したことを挙げる中で実質的に言及してきた。そこで最後にここでは、今後の運営の要となるであろう3点に絞って論じておきたい。

●千代田ゲートウェイの本格的実現

私の在任中にできたのは、千代田区の豊富な文化・知的情報資源を利用するためのゲートウェイの、さらにその入口をつくるところまでだった。その後も千代田図書館では、出版社、大学、ミュージアム、NPO、県東京事務所など、次々と連携の範囲を広げて、展示、講演会などのイベントを企画・実施しており、その努力は大いに評価しているが、今後もさらに幅広く、かつ深く展開してくれることを願っている。

こうした活動はいわば「リアル」なレベルでの連携だが、「ヴァーチャル」な連携が進んでいないことは気になる。新書マップが中止になった後に導入した情報システムは、基本的には従来のOPACにとどまっており、かなりの経費を使ったICタグ添付も活用されていない。グーグルブック検索の図書館プロジェクトと比較してみればわかるように、所詮は自館の蔵書リストでしかないようなOPACでは、もはや誰も満足できない。地域において住民が世界の情報へアクセスできるよう保障することに公共図書館の大きな意義があるとすれば、それがICT技術の発展によってようやく可能になりつつある。その対応が千代田図書館で遅れている。日本の公共図書館一般の問題ではあるが、せっかく専任のシステム担当専門職員を配置しているにしては、大いに問題だ。平成21年度になって館長もシステム担当者も交代したのを機に、Web図書館サービスの拡大を含めて、情報レベルのゲートウェイ機能充実に向けて飛躍的展開を望みたい。

●指定管理者制度の改善と普及

図書館の指定管理者制度導入に改善すべき点があることは確かである。しかしそれは直営あるいは直営とは名ばかりでほとんど全面委託に等しい図書館でも同じことで、各図書館の置かれた経営環境（社会的・経済的・政治的・文化的環境）抜きに、どちらの制度が優れているかを論議してもほとんど意味がない。ところが、日本図書館協会を始めとする一部の図書館界の人たちは、指定管理者制度のマイナス面だけを指摘し、だから図書館には指定管理者制度はふさわしくないというキャンペーンを執拗に行なっている。それなら、直営で運営されているといいながら、識者からはだめな図書館と指摘されている少なくない数の公共図書館のマイナス面はなぜ看過しているのだろうか。

私個人は、今の日本の行財政制度的環境下では、図書館の専門職館長人事ひとつをとっても、一自治体内の公務員人事で確保・維持することは不可能であり、指定管理者制度（あるいはそれに代わる制度）を利用した企業、NPO等による広域・全国レベルでの運営母体確保に可能性があると考えている。これはあくまで可能性であり、現実に指定管理者制度を導入している多くの自治体では、安上がりしか考えていないのではないかと疑わざるを得ないことも確かだ。それを弁護する気はない。しかし、それは指定管理者制度の問題ではなく、自治体の図書館行政の問題であり、そのような定見のない自治体が直営方式で図書館を運営しても、結局館長一人が2、3年のローテーションで異動する自治体職員、あとは安上がりにすむ非常勤職員と委託の組み合わせで済まされてしまうことが目に見えるようだ。また、規模の小さな自治体では、行政としてどんなに図書館サービス向上に意欲があっても、図書館に何人もの専任職員を置くことは財政的に不可能だろう。

今後は、千代田図書館などの数少ない参考となる指定管理者の事例を分析・評価しながら、上述した指定管理料決定方法や報奨の仕方、職員待遇等改善の方法を検討していくのが現実的だと考える。また、図書館への指定管理者導入の自治体が少ないままでは、図書館運営の委託先となる企業やNPOによる、スケールメリットを生かした館長を含む専門スタッフの確保やノウハウの活用は難しい。全国的規模で展開できる団体が複数で競い合う状況が必要だ。「本来の」指定管理者制度普及を図っていく先導者としての役割を千代田図書館に担ってほしいものである。そのための官民を超えた関係者協議の場を千代田区と区立図書館指定管理者が中心になって設けてはどうだろうか。

●文化情報資源政策の確立

千代田区の文化資源政策を展開する核となるべき区の組織は、2009年4月の図書・文化資源担当課という形で、その芽を出すことはできたと思う。あとは具体的な施策を展開する中で、その機能と施策対象範囲を明確にしていくことが必要だ。その手がかりが、東京都から千代田区に移管が決まった日比谷図書館のリニューアルオープンである。新千代田図書館が新しい都市型公共図書館のモデルを示したように、新日比谷図書館は、これからのライブラリー・ミュージアム・アーカイブ機能を統合した新しい文化情報資源施設としてのモデルになることをめざしてほしい。私の在任中は、その基本となるコンセプトを描くところまでしかできなかったが、すでに千代田区では基本計画▼14も明らかにしており、平成23(2011)年度中の開館をめざして施設改修や指定管理者の選定に向けて準備中である。その過程で、指定管理者制度をめぐる諸問題の解決が図られることを期待している。

公共図書館改革の要点

新千代田図書館の構想とその具現化にあたっては、千代田区の図書館サービスと図書館行政の改善が第一義だったことは当然であるが、そのことを通じて日本の新しい公共図書館像を示したいと私は考えていた。実際にそれがどこまで社会的に認知されたかは今後の評価を待ちたいが、最後に、これからの公共図書館の方向性について、二、三思うことにふれておきたい。

●広がらない公共図書館経営改革の動き

ここまでの記述の中では、新千代田図書館の特徴を際立たせるというレトリック上の観点もあり、日本の公共図書館の現状について、その問題点の指摘と批判をかなり厳しく行なってきたが、それは、現在も各地で行なわれている図書館活動の改善に向けての努力を貶めようとするものではない。また、理念的部分は別として、千代田図書館の経営モデルが全国どこでも通用するわけではないことは明らかである。本書冒頭で取り上げたLibrary of the Yearの各受賞館、鳥取県立図書館、たらみ図書館、六本木ライブラリー、愛知川図書館、御幸町図書館等は、立地条件・経営環境に応じたそれぞれのユニークな経営モデルを創造し、実践してきている。全国を探せば、そのような図書館はまだまだあるはずだ。他の図書館は、そうした各館の中から、自館改革の参考となるような図書館を発見し、「いいとこどり」をすれば良いのだと思う。しかしそれがなかなか実践されないところに、日本の公共図書館全般が落ち込んでいる深い陥穽《かんせい》がある。

●人の問題

改革モデルが普及しない最大の要因は、各自治体で改革を志向し、その主導的役割を果たすべき図書館行政または図書館経営の中心となるべき人を得ていないことだろう。また、それを支えるべき専門職と称する現場スタッフが、旧来の図書館サービスの枠組みに安住し、一部利用者といっしょに既得権益を守る方向に気持ちが向いてしまっていることがあるかもしれない。あるいは、常勤職員のうち司書有資格者1名以下の図書館が過半数となっている公共図書館の現状では、そもそもそうした改善・改革を主体的に考えることができる立場の人間自体がいないということになってしまう。このように考えると、現状の打破は極めて難しいことがわかる。そしてこの問題は、実は公共図書館（行政）だけでなく、行政各分野で生じていることであり、その根には現行の公務員制度そのものの行き詰まりがある。

●図書館政策の転換

全国の改革事例を見ると、鳥取県立の小林隆志さん、愛知川の渡辺幹雄さん、御幸町の豊田高広さんなど、中心になる人材が一人でもいて、それに首長あるいはそれに準じる人の支持があれば、かなりのことができるのがわかる。そのような人材を自治体内で確保できなければ、全国からスカウトしてくればいいだけである（それだけでも自治体によっては大変なことかもしれないが）。しかしそれを全国レベルで実行することは困難と言わざるを得ないだろう。図書館政策を自治体行政の優先事項に掲げる首長が、次から次へと出現するとは考えにくいからだ。やはり全国政策（国家政策）の存在は不可欠のように思う。問題は、どのような全国政策が必要かということだ。

結論から言えば、これまで図書館界で唱えられてきたような、公立図書館と公務員司書のことだけを考えた政策提言では可能性はないと思う。もっと言えば、図書館だけの振興を考えても始まらないということである。公共図書館の役割をはっきりさせたうえで、国や地方自治体の文化政策・情報（資源）政策を組み立て直すことだ。それは図書館（員）にとって、あまりに大きな課題のように思われるかもしれないが、そのような大枠の装置がなければ、図書館政策、美術館政策、劇場・ホール政策などを個別に出してみても、結局すでに恩恵を受けている一部利用者の支持を得るにとどまり、政治家や国民全体の支持を得ることは難しいのではないだろうか。当然ながら文化政策・情報（資源）政策の形成は、図書館関係者だけでできるものではない。広い意味での出版界の一員であるという意識・連帯と、他の文化・情報機関関係者や関心ある市民との連携が不可欠であり、そこでは一自治体に属する公務員という枠組みには収まりきらない、民間公共社会の一員という立場が見えてくるのである。

●公共社会形成における公共図書館の役割

文化・情報資源政策の枠組みから見れば、図書館（政策）はその小さな部分に過ぎない。しかし公共図書館は部分でありながら、全体を支える役割も果たすことができる特殊な立場にあると私は思っている。それは普遍性をもつ情報・知識を扱い、誰でも利用することができて、集うことができること、公的な資金や組織の支えがあること、つまり共通性・公開性・公式性の三つの要素をもつ珍しい文化・情報施設だからである。そして、もうひとつ重要な要素は、それらの3要素が「保持する機能」（もちろんそのためには、常に外部に働きかけていくという能動性が不可欠である）が中心であるのに対して、それを成り立たせるための前提となる公平性を積極的につくっていく姿勢が図書館と図書館員に求められていることだ。裁判所に求められる公平性と公共図書館に求められる公平性は異なっている。「公平であること」よりも、様々な利用者層に対して「公平にしていくこと」を重視しなければ、公共図書館の公平性は保てない。そのためにこそ多様なサービスの開発が必要なのである。

公共図書館における公式性・共通性・公開性・公平性――それこそが公共図書館における「公共性」の内実だと考える――については、改めて論じる機会を得たい。

1 **図書館法第3条▼**図書館は、図書館奉仕のため、土地の事情及び一般公衆の希望に沿い、更に学校教育を援助し、及び家庭教育の向上に資することとなるように留意し、おおむね次に掲げる事項の実施に努めなければならない。

1. 郷土資料、地方行政資料、美術品、レコード及びフィルムの収集にも十分留意して、図書、記録、視聴覚教育の資料その他必要な資料（電磁的記録（電子的方式、磁気的方式その他人の知覚によっては認識することができない方式で作られた記録をいう。）を含む。以下「図書館資料」という。）を収集し、一般公衆の利用に供すること。
2. 図書館資料の分類排列を適切にし、及びその目録を整備すること。
3. 図書館の職員が図書館資料について十分な知識を持ち、その利用のための相談に応ずるようにすること。
4. 他の図書館、国立国会図書館、地方公共団体の議会に附置する図書室及び学校に附属する図書館又は図書室と緊密に連絡し、協力し、図書館資料の相互貸借を行うこと。
5. 分館、閲覧所、配本所等を設置し、及び自動車文庫、貸出文庫の巡回を行うこと。
6. 読書会、研究会、鑑賞会、映写会、資料展示会等を主催し、及びこれらの開催を奨励すること。
7. 時事に関する情報及び参考資料を紹介し、及び提供すること。
8. 社会教育における学習の機会を利用して行った学習の成果を活用して行う教育活動その他の活動の機会を提供し、及びその提供を奨励すること。
9. 学校、博物館、公民館、研究所等と緊密に連絡し、協力すること。

2 『**図書館を使い倒す!**』▼2005年に出された新書のタイトル。千野信浩『図書館を使い倒す! ネットではできない資料探しの「技」と「コツ」』新潮新書、2005年。

3 「**奇抜なサービス**」▼千代田図書館のサービスについて、ある新聞記事の見出しに使われた言葉。ネーミングはともかく、図書館コンシェルジュも、新書マップも、その核となる部分は公共図書館にとって少しも奇抜ではなく、正統的な本質的サービスだと私は思っている。

4 **官と民の協働**▼タウンマネジメントなどの領域でこうした活動の萌芽が認められる。

5 **公共図書館行政の位置づけ**▼小泉徹、春山明哲、柳与志夫、高山正也「国の図書館行政——新しい社会システムをめざして」『論集・図書館学研究の歩み 第8集——日本における図書館行政とその施策』日外アソシエーツ、1988年 参照。

6 **カウンター作業**▼誤解のないように言っておくが、カウンターでの作業がすべて機械的で、創造性のない、知識やスキルを必要としないものであると主張しているわけではない。しかし現在の図書館カウンターでのサービス提示様式では、そのような部分は見えにくくなり、単純作業面だけが強調されてしまうように思われる。

7 **新しい公共図書館像の構想**▼とは言え、私が公共図書館の新しい方向性を考え始めたのは、かなり以前からで、その時に考えていた方向性は、概ね現在の考え方に引き継がれているように思う。その時点(1980年代後半)では当然ながら概念や制度もなかった指定管理者制度的アイディアも今から思えば萌芽的に含んでいた。柳与志夫・小泉徹「公共図書館の経営形態——その課題と選択の可能性」『図書館研究シリーズ』第27号、1987年7月 参照。

8 **現代における「図書館法3条」**▼あえて現代風に置き換えていうと、資料・情報の収集と利用提供、情報の組織化とアクセス保障、調査支援・コンサルティングサービス、図書館協力・ネットワーク、全域・遠隔サービス、文化・学術イベントの実施及び支援、情報提供サービス、生涯学習支援、学術・文化・教育機関等との連携、となる。

9 **個人ベースのサービス**▼病院における患者への治療サービスを思い浮かべてもらえばいい。病院の治療は個人ベースとはいっても、多くの患者はインフルエンザや胃腸炎などで一般的な対応が可能であるが、一人ずつへの対応（問診）が基本となり、中には難病や珍しい病気の患者もいるという意味である。一人ずつのオーダーで服を仕立てるテイラー的サービスという意味ではない。

10 **開架資料展示の刷新**▼要するに、ジュンク堂書店のような良い本屋さんでやっている魅力ある書棚作り——それこそ司書の腕のみせどころのはず——をやってほしかったわけである。

11 「**航海秘話シリーズ**」▼千代田図書館イベント展示情報　http://www.library.chiyoda.tokyo.jp/guidance/koukai_hiwa.html　及び、神田雑学大学講義録　http://www.kanda-zatsugaku.com/090213/0213.html　参照。

12 **利用者の立場による差別化**▼住民の利用が圧倒的多数の一般の公共図書館と大きく異なり、千代田区立図書館の場合は、4分の3が非区民の利用者であり、従来それを一切区別せずサービスを提供していた。これは費用負担の観点からすると、大変な不公正ではないかと私は思っている。

13 **人件費の算出**▼館長、プロデューサー（部門長）、チーフ、常勤スタッフ、アルバイトスタッフのクラス別に給与水準とポスト数を定め、それを積算して総額を決定した。

14 **新日比谷図書館の基本計画**▼千代田区総合ホームページ内「(仮称）日比谷図書館・文化ミュージアム基本計画」　http://www.city.chiyoda.tokyo.jp/service/pdf/d0010868_3.pdf　参照。

おわりに

千代田区での3年7か月は、新しい課題に対して自分がなすべきことを主体的に決められたという意味で、充実した日々だった。本書では取り上げなかったが、文化財・博物館行政を担当できたこともいい経験だった。また、出版社・古書店・書店を始め、経験と見識をもった様々な分野の方と知り合えたのも貴重な財産である。図書館スタッフや区役所の方々もいい方ばかりだった。在任中に関係した方々には感謝の念でいっぱいである。

千代田図書館が今後どのような展開をしていくかについて、もはや関与できる立場ではないが、常に新しい公共図書館像を切り開く存在であり続けること、そして2011年に千代田区立図書館としてリニューアル・オープンする予定の新日比谷図書館が、さらにもう一段階進んだ公共図書館像を示してくれることを願っている。

柳 与志夫

実施し、認知度を向上させる必要がある。
●ビジネスパーソンの多くが、ＴＶ・新聞・Ｗｅｂ・フリーペーパーを情報源としており、今後も継続的なパブリシティを行うことが望ましい
●コアターゲットほど現在のサービスに満足しており、今以上の付加価値などについては意見があがらなかった
⇒ただし、現在のサービスのクオリティーをあげるとともに、商用データベースなど認知度や利用度の低い有用性の高いサービスのＰＲに努める必要がある。

6. 今後の運営における課題と取り組み

【今後の運営における課題と取り組み】
POINT：ビジネスパーソンにおけるコアターゲット・イベントターゲットを明確にする

全般的には、ビジネスパーソンのニーズにあったサービス・告知が実現し、ターゲット層となるビジネスパーソンの集客ができている。

今後は、ビジネスパーソンの中でも、千代田図書館らしさへの共感度が高い層をコアターゲットに設定し、告知・利用促進・イベントセミナー開催などを展開する。

また、千代田図書館への共感度は低いが滞在時間が長い層が、今後コアターゲットの利用を妨げることにならないよう注意する必要がある。現在は自然発生的に時間による入れ替えが行われている。

今回は、対象をビジネスパーソンに絞った調査を行った。次年度は対象の範囲を広げた調査を行い、さらに運営に役立てたい。

ネスパーソン」らしい方に声をかけたが、インタビューをして初めて、その方の利用方法や図書館への期待がわかった。おおむねどの方も快くインタビューを受けてくださっており、（アンケート調査の回答率の高さと考え合わせても）全般的な客層の良さを実感した。

●コアターゲットの方による理想的な利用が実現している

ＰＣを利用している方、キャレル席を利用している方で、明らかに「熱心に勉強をしている」ビジネスパーソンの方は、概して理想的なユーザーであることが多かった。インターネットＬＡＮサービスを中心に、千代田図書館がセカンドオフィス構想で掲げるコンセプトやサービスへの共感度・満足度が高く、好意的な感想を聞くことができた。

5.　結果のまとめ

●「ビジネスパーソン」というターゲット設定や、「滞在型」というコンセプトに加えて、「千代田図書館らしさへの共感度の高さ」が、コアターゲットを選定する際のキーになる

⇒今後もセカンドオフィスゾーンのコンセプトにそった他の図書館とは異なる情報発信を継続的に行い集客につとめる。

●アンケート調査の結果ではイベント・セミナーの認知度は低かったが、ターゲットとなる層にニーズがあることがわたった

⇒ターゲットにあったテーマ・内容を選定。今後も、平日夜間の開催で継続的に

3.　対象者属性

対象者	性別	年齢	在住・在勤	職業	利用頻度	利用タイプ
A	女性	30代	在勤	会社員（生命保険会社勤務）	初めて	①
B	男性	20代	在住	会社員（IT関係）	週3回	①
C	男性	40代	その他	会社員（運輸関係）	週3回	①
D	女性	30代	在勤	会社員（社会労務士事務所勤務）	週3回	①
E	男性	20代	その他	会社員（広告代理店勤務）	週1回	①
F	男性	40代	在勤	会社員（会計関係）	週3回	①
G	男性	30代	在勤	会社員（経理担当）	月1回	②
H	女性	20代	在勤	会社員（製薬会社勤務）	10回以上	②
I	男性	30代	在勤	会社員 （通信会社勤務、企画・調査担当）	3度目	②
J	男性	20代	在勤	会社員（新聞社勤務、校正担当）	初めて	②
K	男性	20代	その他	学生（統計学）	週1～3回	③
L	男性	30代	在学	学生（会計関係）	週5回	③
M	男性	50代	在勤	会社員	週2～3回	④
N	女性	30代	在勤	会社員（銀行勤務）	月1回	④または②
O	女性	40代	在勤	会社員（事務職）	週1回	④または②

千代田図書館
来館者インタビュー報告書

2008.1.23

目次

1. 調査の概要

（1）調査の目的

本年度ターゲット層に設定したビジネスパーソンの詳細プロフィールやライフスタイルを把握する

また、図書館の利用方法やニーズを探る

（2）調査期間

2007年12月12日〜17日

（3）調査対象

18時以降の利用者で、ビジネスパーソンと思われる方（20-40代）、一部学生

（4）対象者数

N数＝15

（5）テーマ

1）ご自身について

2）図書館について

3）図書館へのニーズ・要望について

2. 所感

●夜間利用するビジネスパーソンにも様々な利用パターンがある

館内で18時以降にお見かけする「ビジ

【対象者の利用タイプ】

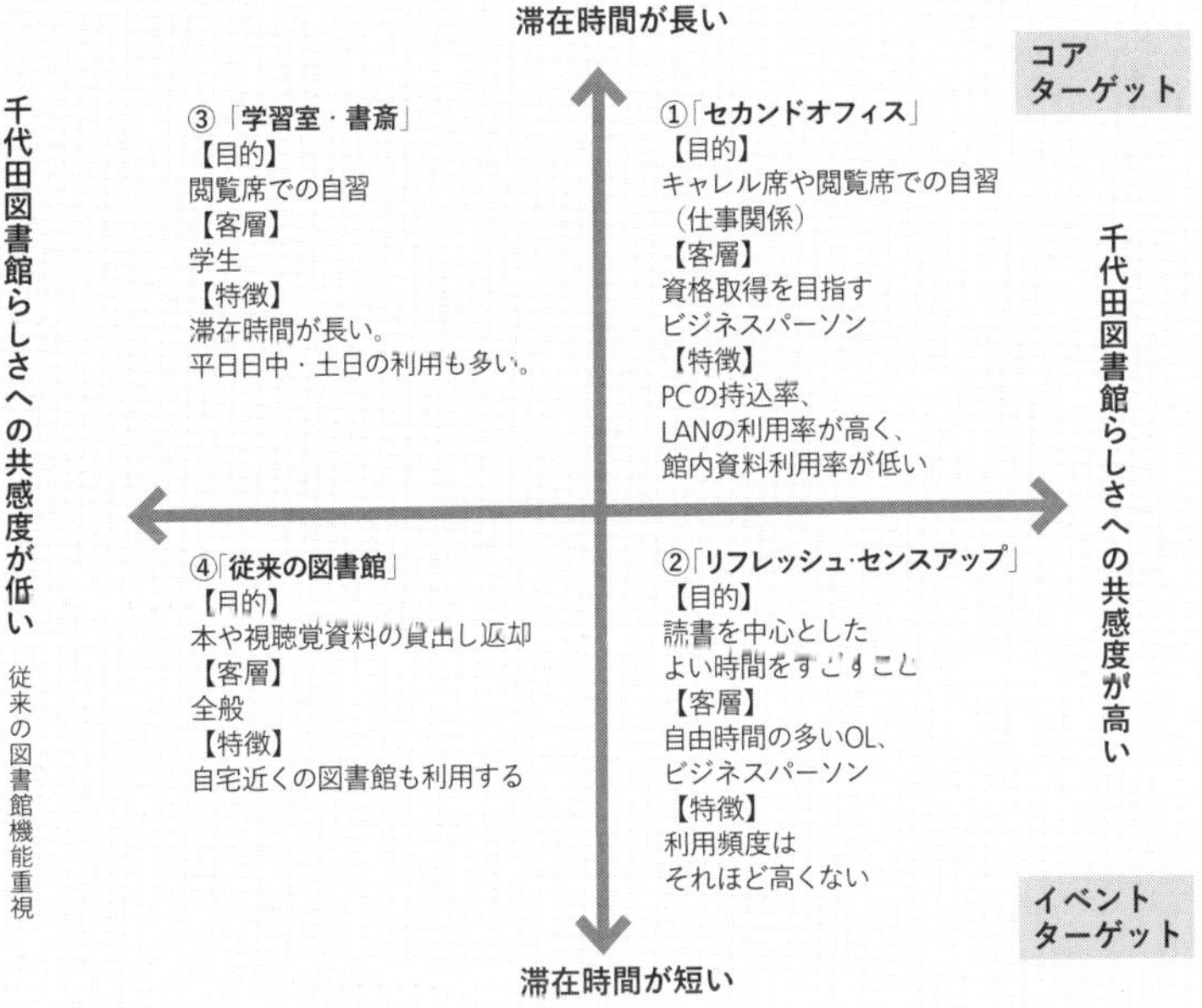
滞在時間が長い
コア ターゲット
③「学習室・書斎」
【目的】
閲覧席での自習
【客層】
学生
【特徴】
滞在時間が長い。
平日日中・土日の利用も多い。
①「セカンドオフィス」
【目的】
キャレル席や閲覧席での自習（仕事関係）
【客層】
資格取得を目指すビジネスパーソン
【特徴】
PCの持込率、LANの利用率が高く、館内資料利用率が低い
千代田図書館らしさへの共感度が低い
従来の図書館機能重視
千代田図書館らしさへの共感度が高い
④「従来の図書館」
【目的】
本や視聴覚資料の貸出し返却
【客層】
全般
【特徴】
自宅近くの図書館も利用する
②「リフレッシュ・センスアップ」
【目的】
読書を中心としたよい時間をすごすこと
【客層】
自由時間の多いOL、ビジネスパーソン
【特徴】
利用頻度はそれほど高くない
イベント ターゲット
滞在時間が短い

柳与志夫

（やなぎ・よしお）

1954年、大阪府生まれ。

国立国会図書館資料提供部電子資料課長。

慶応義塾大学卒業。79年、国立国会図書館入館。

04年9月から07年3月まで千代田区教育委員会事務局図書文化財課長兼千代田図書館長。

07年4月から千代田区立図書館への指定管理者制度導入に伴い、
区民生活部副参事（特命担当）兼教育委員会事務局副参事（文化財担当）。08年4月より現職。

著書に『知識の経営と図書館』（勁草書房、2009年）、『図書館経営論』（学文社、2007年）。

共著に『デジタルコンテンツをめぐる現状報告』

（出版コンテンツ研究会、岩本敏、小林弘人、佐々木隆一、加茂竜一、境真良との共著、ポット出版、2009年）

など。

書名――――――千代田図書館とは何か
副書名―――――新しい公共空間の形成
著者――――――柳 与志夫
編集――――――大田洋輔
デザイン―――――山田信也・小久保由美
発行――――――2010年3月3日［第一版第一刷］
2012年1月19日［第一版第二刷］
定価――――――2,200円+税
発行所―――――ポット出版
150-0001 東京都渋谷区神宮前2-33-18#303
電話 03-3478-1774 ファックス 03-3402-5558
ウェブサイト http://www.pot.co.jp/
電子メールアドレス books@pot.co.jp
郵便振替口座 00110-7-21168 ポット出版
印刷・製本―――――シナノ印刷株式会社
ISBN978-4-7808-0142-2 C0000 ©YANAGI Yoshio

What is the Chiyoda Public Library
by YANAGI Yoshio
Editor: OTA Yosuke
Designer: YAMADA Shinya, KOKUBO Yumi

First published in
Tokyo Japan, March. 3, 2010
by Pot Pub. Co., Ltd

#303 2-33 18 Jingumae Shibuya-ku
Tokyo, 150-0001 JAPAN
E-Mail: books@pot.co.jp
http://www.pot.co.jp/
Postal transfer: 00110-7-21168
ISBN978-4-7808-0142-2 C0000

【書誌情報】
書籍DB●刊行情報
1 データ区分――1
2 ISBN――978-4-7808-0142-2
3 分類コード――0000
4 書名――千代田図書館とは何か
5 書名ヨミ――チヨダトショカントハナニカ
7 副書名――新しい公共空間の形成
13 著者名1――柳 与志夫
14 種類1――著
15 著者名1読み――ヤナギ ヨシオ
22 出版年月――201003
23 書店発売日――20100303
24 判型――4-6
25 ページ数――200
27 本体価格――2200
33 出版者――ポット出版
39 取引コード――3795

本文●ラフクリーム琥珀N 四六判・Y・71.5kg（0.130）／スミ（マットインク）
見返し●タント-V・V-62・四六判・Y・100kg
表紙●TS-1・N-8・四六判・Y・100kg／1C［スリーエイトブラック］
カバー●パミス・雪・四六判・Y・120kg／1C［スリーエイトブラック］／マットニス
帯●ルミナホワイト・四六判・Y・107.5kg／プロセス4C／グロスニス
はなぎれ●66番（伊藤信男商店見本帳） スピン●48番（伊藤信男商店見本帳）
使用書体●イワタ明朝オールドPro M+ITC Garamond 游ゴシック体 Frutiger ITC Garamond PGaramond
2012-0102-0.5（2.0）

●図書館とメディアの本

ず・ぼん15

編●ず・ぼん編集委員会

図書館は硬直せず、新しい在り方にどうチャレンジしていけるのか。
○ネット利用で評価される横芝光町立図書館の坂本成生氏インタビュー
○09年11月にオープンした「米沢嘉博記念図書館」設立までをきいた
森川嘉一郎氏インタビュー
○図書館管理システム開発「Project Next-L」メンバーによる座談会
○日本図書館協会理事、常世田良氏インタビュー
○流動する非常勤図書館員による座談会
など、「図書館のこれから」を考えるきっかけとなる現場の声をひろった。

2009年11月刊行／定価2,000円＋税／ISBN978-4-7808-0137-8 C0000／
B5判／192ページ／並製

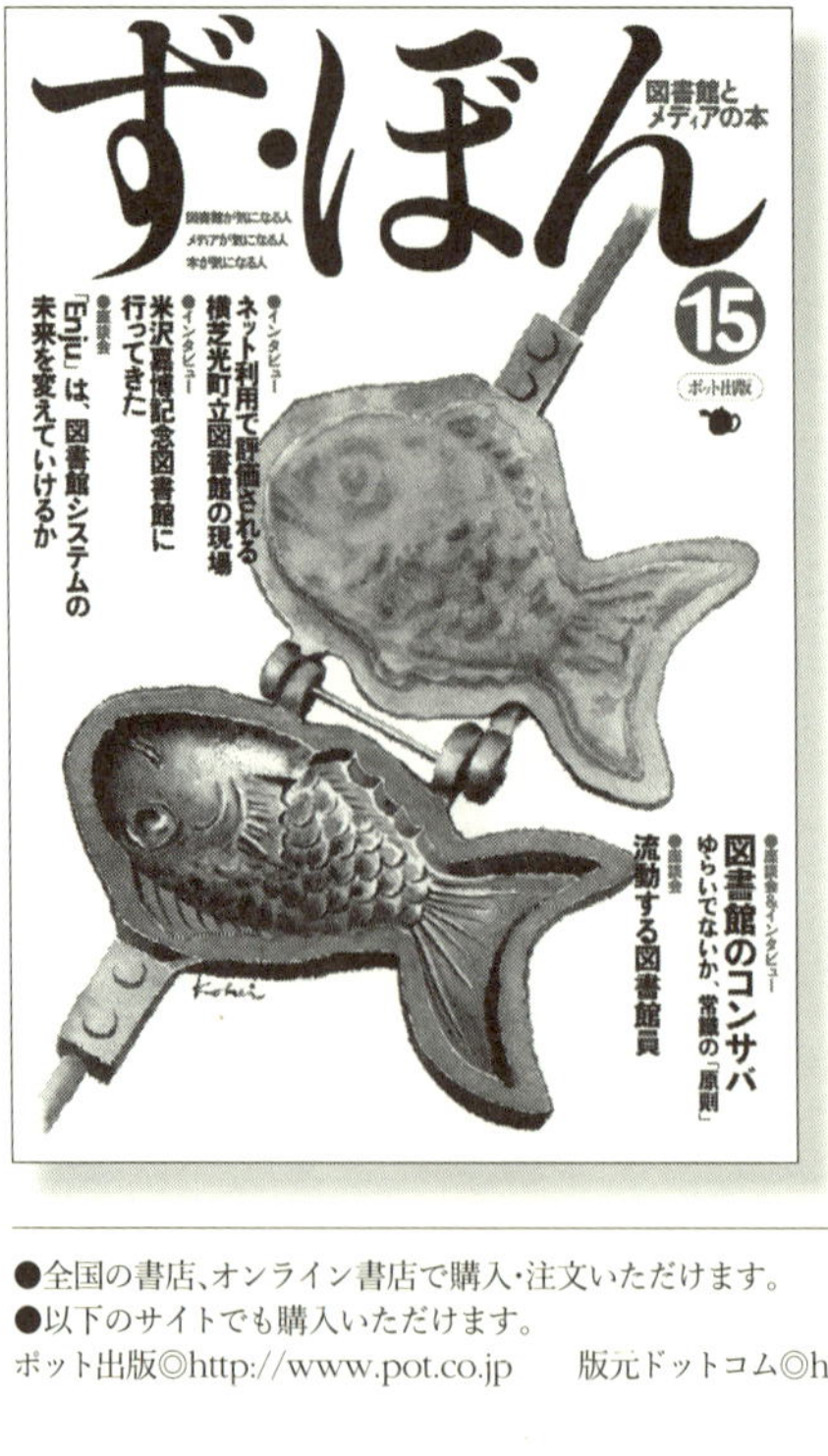